二象理论

象龙/著

打开股市的
金钥匙

经济管理出版社
ECONOMY & MANAGEMENT PUBLISHINC HOUSE

图书在版编目（CIP）数据

二象理论/象龙著. —北京：经济管理出版社，2019.6
ISBN 978-7-5096-6543-5

Ⅰ. ①二…　Ⅱ. ①象…　Ⅲ. ①股票交易—基本知识　Ⅳ. ①F830.91

中国版本图书馆 CIP 数据核字（2019）第 076330 号

组稿编辑：勇　生
责任编辑：勇　生　王虹茜
责任印制：黄章平
责任校对：王淑卿

出版发行：经济管理出版社
　　　　　（北京市海淀区北蜂窝 8 号中雅大厦 A 座 11 层　100038）
网　　址：www. E-mp. com. cn
电　　话：（010）51915602
印　　刷：三河市延风印装有限公司
经　　销：新华书店
开　　本：720mm×1000mm/16
印　　张：12.25
字　　数：200 千字
版　　次：2019 年 8 月第 1 版　2019 年 8 月第 1 次印刷
书　　号：ISBN 978-7-5096-6543-5
定　　价：38.00 元

前　言

　　本书主要讲的是股票、期货方面的技术分析。因为有过在证券公司工作过的经历，也时常为大客户讲解技术分析，再加上自己平时也收集了很多技术分析方面的书籍，认真钻研，收益颇丰。一次偶然的机会看了一部 BBC 播放的量子力学的纪录片，使我联想到了索罗斯的反身性理论以及他的《金融炼金术》，量子力学是 21 世纪最前沿的科学，广泛地应用于工业、电子、通信等领域，多位科学家在此领域获得过诺贝尔奖，这激发了我在金融交易与技术分析领域对量子力学相关性的研究、探索与求证。

　　要想创新交易理论与方法，必须要充分学习过去经典的技术分析方法，我深入研究了美国的约翰·墨菲的《期货死叉技术分析》，这本书是所有交易员的"圣经"，感谢约翰·墨菲对我的帮助与启发，同时我也认真地研读了量子力学概论，以一种全新的波粒二象性的角度来分析股票与期货死叉，这也是对以往经典波动理论（道氏理论、艾略特波浪理论）的一种有效补充。

　　量子力学中曾表述任何物质均具有波粒二象性，所以二象这个名词第一次在我的脑海里翻滚，又贴切又形象，所以我将我的整套理论体系取名为二象理论。

　　二象理论和所有以往经典理论的不同之处在于它是我在反反复复的亏损中摸索总结，同时结合了先辈们的经典的技术分析理论，再应用当今最前沿的量子力学研究成果发现的更具实用性、快捷性与有效性的一门科学理论，二象理论在金融死叉有很高的应用价值。为了便于大家理解一、二象的定义：二象就是在交易系统中用两个互相对立的指标，比如 5 日均线和 10 日均线、20 日均线和 240 日均线、大阳 K 和大阴 K、向下跳空和向上跳空等普通的看盘交易系统，利用突破、回踩、高开、脱离持续的时间来确定有没有达到空方的极限，或有没有达到多方的极限来指导交易。这个就是二象的定义，在文中的章节中我有详细讲述。

　　有很多技术分析理论的作者开篇就讲述是自己独创的，经历了几次死叉、牛熊的转化后创立的，这对于初学技术分析的人帮助不大，而且很容易让他们误入歧途，觉得自己找到了赚钱的法宝，生搬硬套，结果往往适得其反。我觉的二象理论更多地讲述了市场最本质、最原始的运行规律，初学者可以通过学习更深刻地了解交易的初衷，在二象理论的思维中体会交易之道。

　　当然任何一种技术分析理论都有其局限性和不完整性，二象理论绝不会成为你一夜暴富的聚宝盆，但二象理论终究能带给你一种新思维、新理念。

目 录

第一部分　理论篇——二象理论的概述

第二部分 战略篇——7大战法

理论篇
——二象理论的概述

第一章 二象理论

第一节 二象理论的定义

　　首先和大家阐述一下什么是二象理论，二象理论是物质世界普遍存在的一种方式，一种方法论，一种世界观，借用中国古代朴素唯物主义哲学的观点讲就是四个字：一分为二，也称为二元性，在股票期货市场中的定义就是：市场若处于多头趋势中，只要多头没有耗尽买力，就一直做多，直到买力耗尽，空头出现；市场若处于空头，只要空头的卖力没有耗尽，就一直做空，直到空头卖力耗尽，多头出现。简言之，市场若处于多头的趋势中，寻找下跌的机会做多；市场若处于空头的趋势中，寻找反弹的机会做空，横盘不交易。这就是二象理论的基本定义。

　　下面我们通过图表来理解二象理论，如图 1-1 所示。

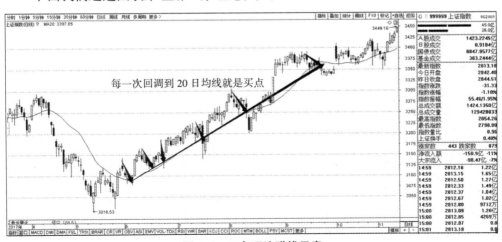

图 1-1　二象理论赚钱示意

从纯学术理论上讲二象理论是比较抽象的，接下来我结合 2017 年指数的行情来具体地向股民朋友阐述二象理论是什么以及如何用二象理论来赚钱。首先我们看到指数在 2017 年 5 月 25 日突破了 20 日均线以后就出现了一波上涨趋势，在二象理论的定义中讲到，此时的市场处于多头趋势，也是一种中线趋势，我们看到 20 日均线在持续走平上翘，形成了主要趋势，在上涨的趋势中要寻找下跌的机会做多，2017 年 6 月 2 日、6 月 5 日、6 月 6 日开始出现在 20 日均线的支撑，就是做多的机会，2017 年 6 月 23 日、7 月 17 日都出现了回调到 20 日均线的机会，这是在上涨趋势中的下跌趋势，二象理论认为主要趋势是明确的，因为 20 日均线一直走平上翘，市场处于多头的趋势中，那么在每一次下跌的小趋势的机会中，达到 20 日均线就是机会，应该积极做多，而这两种方向相反的趋势就是二象理论的具体表现，每一次交会在 20 日均线的时候就是二象理论认为赚钱的机会。所以，弄懂二象理论对于投资股市有重要意义。

第二节　何为赢家法则

交易市场上只有赢家和输家，没有专家，做交易不是赢就是输，我们来看一下赢家的法则到底是什么。

在讲赢家法则之前，我们先来看看普通散户都有哪些共性。普通的散户拥有的共性：一是喜欢追击涨停板，喜欢上涨的股票而不喜欢下跌的股票；二是喜欢抄底，喜欢买价格特别低的股票，认为价格低有优势；三是死拿不放，坚定持有。从表面上看，上述一和二好像是价值投资者也奉行的准则，但是散户选择的股票是没有经过市场基本面调研的，只是从价格和技术形态上来判断和下定论，所以不是价值投资。因此输家的思维惯性就出来了，一是喜欢追涨，喜欢听消息，喜欢涨停板；二是喜欢随意抄底，认为价格低的股票有投资的价值；三是一旦发生亏损一定是死捂不放，一直等到账户出现 50% 下跌或下跌更多的时候才意识到自己当时判断的失误，但是这时已经没有勇气止损，只能被动长期持有下去，使自己一直处于亏损状态。

那么市场上 5% 的赢家法则是什么呢？赢家法则第一条就是注重上升趋势的

存在，就是股市上要有赚钱效应的股票存在；第二条就是注重筹码获利比例，就是让市场上大部分投资者甚至是所有的投资者购买的股票都能赚钱；第三条就是盈利加仓、亏损减仓，赢家自始至终都要注意自己处于盈利状态还是亏损状态，如果盈利了就说明自己的选择正确了，而面对正确的事情就要放大仓位，使自己的利润最大化；如果自己的投资发生了亏损，说明自己的选择出现了问题，是基本面调研或者是时机的把握上出现了问题，反正不能使自己处于盈利状态的交易，投资者都要谨慎对待，先止损出局，重新做好功课后，再次把握机会，直到使自己处于盈利状态中。

第二章　二象理论中研究的现象

二象这个名词最初来自于量子力学中的波粒二象性的概念，波粒二象性是某种物质同时具备波的特质与粒子的特质。简单地讲，二象现象就是事物具有两面性的一种特性，在股市中我们研究两种现象，一个是临界点，也称为爆点；另一个是极限反转现象。

第一节　临界点现象

现象 1：临界点。临界点指由一种状态变成另一种状态前，应具备的最基本条件。如临界温度便是气体能液化的最高温度。后来用以形容事态发展的待变状况。在日常生活中我们看到在 0℃的时候水和冰是同时存在的，而这种固液共存体就是临界点，同时当达到 100℃的时候液态的水和气态的水同时存在，水达到沸腾状态，这个也是临界点，这是我们生活中常见的现象。

在股市中的临界点现象，我们要花大力气来研究，简单地说，就是股票发生大的变动前的临界状态。下面我们来看一个案例：

第一只股票我们来看国投资本，如图 2-1 所示，在 2014 年 7 月之前这只股票叫中纺投资，股价围绕着日均一直处于横盘状态，20 日均线一直处于 240 日均线的上方，股票处于横盘整的末期，最后股价打出 3 个阳 K 线夹杂一个阴 K 线的结构，这是一种多头要爆发的临界状态，7 月 11 日以后停牌，11 月 18 日开始连续拉出了 15 个涨停板，多头的临界点就是 7 月 11 日最后一根阳线，如图 2-2 所示。

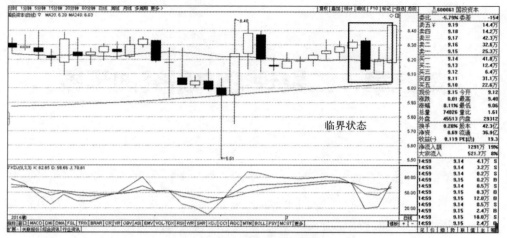

图 2-1 国投资本起爆点示意图

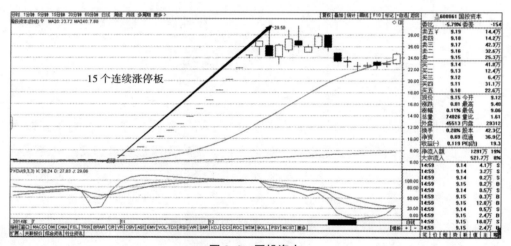

图 2-2 国投资本

第二只股票我们来看江阴银行，2017 年 2 月 9 日以前江阴银行一直处在横盘整理态势，股价还没有突破 20 日均线，在上涨之间既没有涨停也没有突破，但是股价萎缩到了一种多头上涨的临界状态，2 月 10 日开始股价以涨停板的方式突破 20 日均线，行情启动，股价一口气从 10 元涨到 20 元附近，而在 2 月 9 日的十字星就是多头走出行情发动前的临界状态，如图 2-3 所示。

图 2-3 江阴银行 8 个涨停板

第二节 极限反转现象

现象 2：极限反转。极限反转现象就是当股价到达最低点或是最高点的时候出现急速的、报复性的相反走势，也就是市场上的一种深"V"走势，或者是股价在顶部的一种断头铡刀走势。古代关于极限反转的故事中相信大家都学过一篇课文叫《塞翁失马》，讲的是：战国时期，靠近北部边城，住着一个老人，名叫塞翁。塞翁养了许多马，一天，他的马群中忽然有一匹走失了。邻居们听说这件事，跑来安慰，塞翁见有人劝慰，笑了笑说丢了一匹马损失不大，没准会带来什么福气呢。邻居听了塞翁的话，心里觉得很好笑。马丢了，明明是件坏事，他却认为也许是好事，显然是自我安慰而已。过了几天，丢失的马不仅自动返回家，还带回一匹匈奴的骏马。邻居听说了，对塞翁的预见非常佩服，向塞翁道贺说还是您有远见，马不仅没有丢，还带回一匹好马，真是福气呀。塞翁听了邻人的祝贺，反而一点高兴的样子都没有，忧虑地说白白得了一匹好马，不一定是什么福气，也许惹出什么麻烦来。果然塞翁有个独生子，非常喜欢骑马，他骑马从马背上跌下来，摔断了腿。邻居听说，纷纷来慰问。塞翁说没什么，腿摔断了却保住性命，或许是福气呢。邻居们觉得他又在胡言乱语。不久，匈奴兵大举入侵，青年人被应征入伍，塞翁的儿子因为摔断了腿，不能去当兵。入伍的青年都战死了，唯有塞翁的儿子保全了性命。我们从《塞翁失马》的成语故事中，能清楚地知道所谓极限反转就是转折点。

下面我们来看一个案例，在 2015 年 7 月特力 A 的走势就是典型的极限反转的走势，首先特力 A 从 2013 年 8 月就开始了一波上涨走势，一直涨到 2015 年 6 月 6 日，然后股价急转直下从 32.48 元直接下跌到 9.88 元，在 2015 年的股灾中它也没能幸免，跌到最低价 9.88 元，这就是一个极限价格，而这个价格就是在 240 日均线附近，我会在后面的章节中详细讲述 240 日均线作用的威力，7 月 9 日股价开始"V"形反转，股价以涨停的形式开始反弹，一口气涨到了 2015 年 8 月 13 日的 51.99 元，上涨了 5 倍多，这种现象就是非常典型的极限反转现象，如图 2-4 所示。

图 2-4　特力 A 的 5 倍"V"形大反转

第三章 二象理论的矛盾性与对立统一性

第一节 二象理论中的矛盾性

在讲矛盾性的问题时，我们首先要了解什么是矛盾分析方法，矛盾分析方法是观察和分析各种事物的矛盾运动，进而解决矛盾的一种方法，这是人们分析问题。解决问题的一种普遍方法，金融死叉中存在两种根本的力量，一种是多头，另一种是空头，两者每时每刻都矛盾运动着、斗争着，时而多方获胜，时而空方获胜，时而两方打个平手。二象理论不局限于死叉的表面现象，二象理论是一种思维方法，一种分析问题的手段，一种方法论。它具有更为广泛的研究与应用领域，而二象理论的基础与出发点就是承认事物发展的矛盾性，矛盾性是一切事物生存发展的原动力，熟悉技术分析方法的人都知道，技术分析方法本质是一种经验模型，它解释变化的依据是经验模型内部建立起来的逻辑关系，而这种经验模型是从历史价格波动规律中提炼出来的，进而将经验内部的逻辑关系作为推理的基础，在量、价、时、空等维度中找到波动的理由，阐述其中的因果规律，对市场运行趋势进行研判，最终对未来的价格波动做出分析与解释。从最早的道氏理论到波浪理论、量价关系理论、江恩理论、切线理论、形态理论、均线理论、日本的 K 线理论、相反理论等众多死叉分析理论都在试图寻找死叉价格运动的规律，均无一例外地用过去和历史的经验来预测与解释未来，而索罗斯的投资理论中提出彻底可错性思想，这种可错性的观念来源于哲学家卡尔波普的《猜想与反驳》中提到的概念，认为人类对置身其中的世界的认识，与生俱来便是不完整的，即人类的思维与客观存在之间永远存在着偏差与扭曲。索罗斯甚至演变成他的彻底可错性思想，其表达为所有人类心灵的构建，不论建构局限在我们的思维深处或表现为各种学科、各种意识形态、各种体制，都是有缺陷的，所以这种彻底可错性似乎必然存在，这种消极悲观的情绪与我们心中怀有的追求完美、追求永恒的理想充满矛盾，二象理论认为交易就是矛盾的，就是一种试错，技术分析与客观现实之间永远存在着差距，所以矛盾的观点是二象理论核心的基本观点之一。

索罗斯在他的《金融炼金术》中提到，尽管金融学家无数次地试图用模型、理论来推演市场的发展，但是为了能把接触的信息减少到能够处理的程度，而不得不借助于各种技巧，而这些技巧扭曲了所需要处理的信息，把现实问题更加复杂化，认识的难度加深而非简化了，因此即使是再经典的定价理论，再有力的指标工具，其实都在充当着参考值的角色，它们无法与最终的事实完全切合，可错性是一种无法避免的常态。所以任何理论都需要在实践中不断完善。

二象理论认为矛盾性在股市中最主要的表现就是长期趋势和短期趋势的矛盾。所谓长期趋势和短期趋势的矛盾是指：股价在上涨的过程中形成了主要的上涨趋势以后，会出现和上涨趋势相反的回调小趋势，使股民难以判断是长期趋势结束了还是上涨趋势中间的停顿与休息，股民的矛盾就是，看好一个长期趋势股票，等了好久，好不容易买进了，就下跌了，于是就套牢了，或者是看好的一只股票买入持有了一段时间就是不大涨，短期趋势开始回调，于是判断这只股票不会大涨了，老是上涨不大就回调，于是在最后一波短期趋势的回调中卖出了股票，卖出股票以后股票开始大涨，我们以沙河股份为例来解释这种矛盾现象是如何在广大股民中发生的。

沙河股份在 2012 年 4 月出现 3 个涨停板以后股价开启了一波上涨趋势，并开始引起了股民的注意，在 2012 年的 5 月广大股民便开始陆续买入，因为他们认为沙河股份一定有利好的存在，主力打出 3 个涨停板就是告诉我们这个信息，同时可以认为这一波大趋势就此展开，为买入找到了充分的理由，果然沙河股份在 2013 年 1 月创出了一个 11.66 元的新高，股民开始坚定了自己的判断，但是随后又出现了快速回落，股民开始后悔没有在高点卖出，经历了一波短期趋势的下跌以后股价继续创出新高 12.99 元，投资者还是没有卖出，还是坚定地认为会再创新高，可随后短期的回调趋势再次开始，3 个月以后股价又再次回到 9 元附近，此时散户开始后悔没有及时卖出，30%的差价没有获利了结，在第三次的短期下跌趋势中非常纠结，虽然看到长期的趋势向上，但面对长期趋势中短期趋势的回调却无法忍受，想想自己在一年半左右的时间中居然没有大的收获，终于在2014年7月大涨之际开始出货，卖出以后股价便开始了一波最大的涨幅，而散户再也不敢追，这就是广大散户经历的长期趋势和短期趋势的矛盾，如图3-1所示。

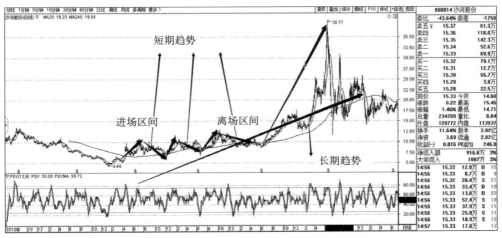

图3-1　沙河股份长期趋势与短期趋势的矛盾

第二节　二象理论中的对立统一性

二象理论的对立性主要表现在以下方面：

股票市场中的对立性表现在多头要拼命做多，想尽办法打出市场的最高价，以便自己卖出最高的价格，而空头在拼命地压低股价，就是不想让股价涨，不断在卖出股票，多头形成每天的最高价，空头形成每天的最低价，多头在最高价的时候最旺盛，经常会出现避空行情，而空头在最低价格的时候空头最旺盛，经常出现逼多行情，同时多头与空头在极限价格处会出现转化，所以为了能够获利必须在最高价格沽空，在最低价格做多。我们具体来看永创智能，如图3-2所示。

图 3-2　永创智能中多头与空头的对抗

我们看永创智能在 2018 年 5 月到 2018 年 6 月的上涨过程中多头每次上涨的时候都尽最大力气把股价抬高到 240 日均线，而每一次在 20 日均线附近都只是一个缓慢的趋势整理过程，多头如果没有碰到 240 日均线就代表没有到达极限价，也没有达到压力位，而一旦到达多头愿意抬高到的最高价格的时候，空头开始做空，于是就经常出现在 240 日均线上方挂的影线，空头每次下跌的时候速度快、跌幅大，但是当到前期起涨点 8.15 元时空头也耗尽了力气，多头开始重拾旧势，继续做多，在形态上形成了上轨 240 日均线，下轨 8.15 元附近的一个对立的态势，我们也叫作箱体多头和空头的对立，这对立表现在箱体的顶底，如图 3-3 所示。

图 3-3　永创智能多空对抗形成的箱体

二象理论的统一性表现在以下方面：

万事万物都不是绝对的，与二象理论的对立性不同，二象理论的统一性表现为多头和空头最后握手言和的价格。我们仍然以永创智能为例来说明二象理论的统一性在哪里。我们也仍然以 2018 年 5 月到 2018 年 6 月为例，多头的上轨是10 元附近，空头的下轨是 8 元附近，而多头和空头中间的位置是 9 元附近，多头和空头在 9 元附近就是这个"三八线"，多头也没有表现出旺盛，空头也没有表现出嚣张，两者势均力敌，在 9 元附近纠缠在一起，难解难分，而这个区间也是 20 日均线所在的地方，股趋于平稳，没有很大的做多做空的大机会。

我们从哲学的角度来理解对立统一的规律。对立统一规律是唯物辩证法的根本规律，简称矛盾规律，它揭示出社会的思维领域和自然界都包含着矛盾性，事物矛盾双方又统一又斗争地推动着事物的运动、变化和发展，矛盾分析方法包含了矛盾双方的统一性和斗争性、矛盾的普遍性与特殊性、事物发展过程中矛盾双方发展的不平衡性，辩证法是解决一切矛盾的方法论。

古希腊哲学家赫拉克利特认为一切事物都是经过斗争产生的，中国古代经典的《易经》就是用阴阳两种对立力量之间的相互作用来解释事物发展的，近代德国哲学家黑格尔认为矛盾是推动整个世界的原则，马克思主义批判地继承了黑格尔等人的合理思想，更加深入地揭示了对立统一的规律。而二象理论继承了矛盾是事物发展的根本原因的观点，发展了易经中的阴阳之道，以更浅显的表达，更形象生动地还原了矛盾的对立统一性。

我们来重温一下技术分析的鼻祖道氏理论对于市场的看法，看看在道氏理论的 3 个阶段中对立统一性都有哪些体现。道氏理论遵从市场趋势运动的规律，在上升趋势和下降趋势都分为三个阶段（以上升趋势为例）。

第一阶段为积累建仓阶段，该阶段中，股价位于横向整理时期，市场处于萧条状态，但是有远见的投资者知道尽管处于萧条，但是形势即将发生扭转，因而就在此时购入那些勇气和运气均不佳的卖方所抛出的股票，并连续抬高卖出价格刺激抛售。虽然财政报表的情况仍然很糟，公众认为这种低迷的状况将一直持续，但聪明的投资者在得到信息并加以分析的基础上开始大量买入股票。

二象理论认为信息滞后、行动迟缓的公众和一些先知先觉的聪明的投资人共同存在于同一个死叉中，但是他们的观点与行为是完全对立的，在经济持续低迷的背景下公众的失落和绝望到了极限，其行为就是抛售手中最后剩余的股票，而聪明的投资者虽然也到了持币的极限，但他们在低迷的经济中看到了希望与曙光，他们机不待时地将手中的货币换成了股票，市场开始了微妙的变化。

第二阶段为上涨阶段，交易量随着公司业务量的不断增加而增加，同时公司的盈利开始受到关注，也在这一阶段更多的投资者根据财经信息及对其的分析，开始参与股市，大众的心理开始受到股市上涨趋势的刺激。

第三阶段为市场高峰出现的阶段，随着公众蜂拥地入市，所有的消息都令人乐观，价格惊人的上扬并不断创新高，新股不断大量上市，这个时期市场交易量惊人地增长，2007年这波牛市中连环卫阿姨也想进来参加最后的疯狂，一些在底部建仓的资金正在开始悄然撤退，充分体现了死叉交易的对立统一性。

我们再从军事角度来分析二象理论中的对立统一性。二象理论中的对立统一性要求必须和大众保持不一样的状态，就如毛泽东同志在军事理论中（"敌进我退、敌退我追、敌驻我扰、敌疲我打"）的高超战术。在相反理论中，资本死叉当所有人都看好时，意味着牛市即将到顶，当人人看淡时，熊市已经见底，要保持和大众意见相反，才存在盈利机会，因为赢家只占死叉中的5%，95%都是输家，5%的赢家与95%的输家同时存在，二象理论是典型的赢家思维，要深思熟虑，不要受到他人的影响，要自己去判断，二象理论认为对立统一是死叉的基本规律，反人性是其最主要的特质。克服恐惧，避免贪婪，往往是最重要且最难做到的事。

最后我们从人性的角度来分析二象理论中的对立统一性。那究竟如何才能克服二象理论中反人性交易的问题，这是一个职业操盘手时时刻刻要面临的问题，也是一个成熟的操盘手必须要具备的基本素质。二象理论中主张把自己人性的恐惧、贪婪、无知、非理性提炼出来，就好像是哈哈镜中的自己，二象理论中称为虚象，虚象就是指我们大脑中想象的主管臆想，相对而言实象是实际走出来的行情，在虚象的交易策略中我们用最小的持仓量或最小的资金如100股，放在市场中，比如我在2016年6月份操作煌上煌，如图3-4所示。只要当煌上煌的涨幅超过6.18%的时候我就买入100股，故意让死叉把资金套住，满足自己内心追涨的欲望，但是我发现100股煌上煌被不断地解套，而每一次解套都是一次交易性的机会，实象与虚象完美一致，市场真的如愿走出一波酣畅淋漓的大行情，2016年9月除权后再次轻松翻倍，如图3-5所示。

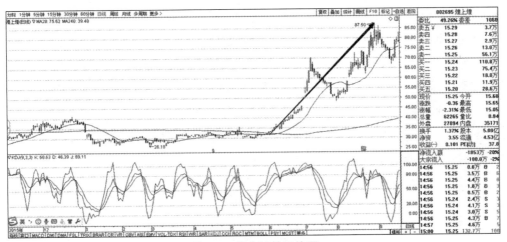

图 3-4 煌上煌的日线图

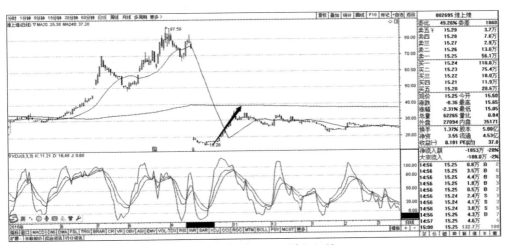

图 3-5 煌上煌出现的填权行情

"不识庐山真面目，只缘身在此山中"，人永远无法看清自己的容貌，但如果借助于镜子就清晰异常，二象理论认为投资就犹如真实的自己与镜子中的自己，一个虚一个实，虚和实是对立统一、不可分割的整体，要明确实际的动作就要了解虚的镜像，用最小的资金试单，是二象理论指导操盘的一项必修课，正如前面一章所讲，二象理论的核心是矛盾性，就是试错，而这种尝试是对未来世界与未知世界的一种必要的心理准备，因为在未来的世界中一定要面对未来的自己，此时我们就用最小的确定性的代价来换取最大的不确定性的利益，二象理论中 100股的娴熟应用是在试探，试探自己的手气，试探死叉的热点，试探品种的强弱，试探风险的大小，试探是否和自己预期相符，运用之妙存乎一心。索罗斯有一种独特的思维，先投资后调查，他认为投资在前，调查在后，先提出假设，建立头寸，小试牛刀考验假设，等待死叉的证明，如果假设正确则增加头寸，如果假设失败及时撤离。因为金融死叉变化之快是不容许我们花相当长的时间去研究究竟、分析明白的，当我们投入人力、物力、财力做完所有的研究调查之后，死叉走势已经逆转了，时机已经不成熟了、二象理论认为只有冷静分析，当机立断，应变充分，才能抓住市场中的机会。

第四章　二象理论的四大基本假设

我们知道道氏理论有三个基本假设：市场价格涵盖一切信息，价格以趋势方式演变，历史会重演，假设是构成技术分析的理论基础和灵魂所在，二象理论作为技术分析理论的一种，也有四大基本假设作为其理论的基石。

第一节　市场是不确定的

假设 1：市场是由价格和时间两大基本要素组成，价格和时间不能同时被确定，市场是不确定的。

很多股民看到价格低了就去买进抄底，认为当下的时间价格已经到了最低点，其实就是不知道这个道理。我有个朋友看好和邦生物的基本面，从 6 元一直买到 2 元，认为其价格上具有绝对吸引力，满怀信心地去抄这个底部，结果资金耗尽，最终不得不割肉离场。

道氏理论中讲述平均价格涵盖一切因素，所有影响供求关系的因素最终都表现在价格中，道氏理论认为收盘价是最重要的并以此来击穿平均价格指数。二象理论发展于量子力学，用量子力学来看价格就犹如量子力学中粒子的空间位置，在量子力学中薛定谔方程这样来描述粒子运动的轨迹，称之为波函数波尔对波函数的统计诠释为粒子在 T 时间的位置位于 X 处发现这个粒子的概率，是不确定的。当然金融死叉中价格的运动远没有空间粒子的运动范围大，相比而言，它似乎局限于某个空间做着上下随机运动，但是想在某个时间精确的确定价格的位置那是不可能的。比如，有很多理论预想在未来一个确定的时间，预测价格必然到达一个数值，这就违背了价格和时间不可同一的规律，也不符合金融死叉测不准这一规律性，反过来预测到某一固定价格所需要的时间也是不能精确的，股市上的金叉有一种叫缺口的价格运动，又称跳空，是指证券或期货市场的价格在快速大幅波动中没有留下任何交易的一段真空区域，缺口的出现伴随着较大的成交量，缺口可分为普通缺口、突破缺口、持续性缺口和消耗性缺口，关于缺口与形态的关系我们会专门介绍，本章只介绍价格与时间的关系，缺口回补理论是缺口交易者重要的理论参考，但是什么时候回补是不确定的，也就是说确定了价格就不能同时确定时间，而缺口的不连续性是二象理论中研究市场价格的粒子性跳动的典型表现，一个有效的跳空缺口往往代表一次大级别的行情会马上到来。

索罗斯在金融炼金术中提到过不确定性原理，该原理是其投资理念构架的基础。索罗斯的投资哲学理念深受其个人经历的影响，他明白人生的成长经历就是不确定的，深受哲学家卡尔波普的影响，波普在其《开放社会及其敌人》中讲到，经验性的认识不可能绝对确定，即使是科学原理也不能完全没有一丝疑义地被证实，一个失败的检验足以证伪，再多确定性的例证也不能完全证实，人类对市场的理解永远是不完备的，市场是不确定的，这点同量子力学中海森堡的测不准原理很类似，索罗斯因此也将其下的基金取名为量子基金。

二象理论继承了索罗斯的不确定原理，认为不确定是事物发展的根本特点，是事物矛盾性的外部表象，这不仅是在金融市场，在自然科学领域，不确定性就代表一种未知。这是我们对于未来的朦胧感觉，也是市场的魅力和吸引力所在，更是我们孜孜不倦地研究市场变化规律的原动力。二象理论认为，确定性和不确定性是市场本身固有的两种现象，在确定性中有不确定性的因素，在不确定性中又有确定性的成分，一分为二，矛盾统一。

第二节 价格的粒子性

假设2：价格在连续四周期内围绕着极值做突破运动，即价格具有典型的粒子性。

我先解释一下何为四周期，就是出现连续的上涨或下跌的时间为4个单位，比如4小时、4天、4周、4月、4年等，这个我会在四周期原理中详细进行描述。何为价格具有典型的粒子性？粒子性在股票市场中就是跳空涨停或跳空跌停，在 K 线形态上具有不连续的特征，比如 2014 年跨境通的上涨方式就是以跳空涨停或跳空跌停的方式进行，这就是粒子性的典型表现，如图 4-1 所示。

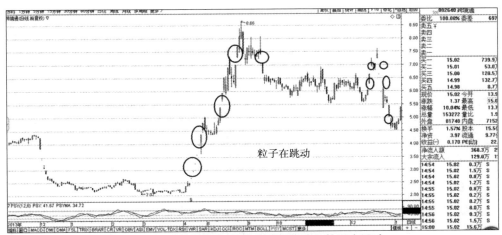

图 4-1　跨境通日 K 线中的涨停板犹如粒子在跳动

很多新股民开始炒股往往追涨杀跌，一看股票上涨了就追，不管价格不管时间，一买就买在四周期上，股票回落，于是被套牢，下跌四周期以后，实在忍受不住，同时又受到上涨股票的刺激，于是割肉离场，又开始追进，一买又买在四周期上，一买又下跌，四周期后又割肉，而原来割肉的股票却神奇地起来了，这样的新股民被市场定义为"韭菜"。其实新股民掌握好四周期的基本操作规律是完全可以避免亏钱给市场交学费的，接下来我详细阐述四周期的操作方法。

假设 2 中有几个重要概念，即四周期、极值、突破以及粒子性。在谈论到突破与极值的时候首先我们要明确何为趋势，道氏理论对趋势的定义是，相继上冲价格的波峰或波谷都对应高过前一个波峰或波谷，那么市场就处于上升趋势，换言之，上升趋势就是波段的高点和波段的低点依次抬高的过程，相反，下降趋势则是下降的峰和谷不断降低的过程。

二象理论认为趋势是一种不断突破前期高低点极值的运动，在突破极值之前价格运动往往比较温和，在突破的瞬间价格运动往往比较剧烈，在突破的瞬间产生了价格的延续，突破的瞬间往往伴随着成交量的放大，突破是所有职业交易人最关心的一种运动，而这种运动与极值相生相半，每一次突破都产生一个新的极值。价格在一定的周期内无时无刻地做着突破极值的运动，小周期、中周期、大周期都是同样发生作用。

第三节　四周期原理

假设 3：任意连续的四周期内，价格若出现连续的单边极值运动，则必将在其任一周期或第五周期开始出现反向运动，即价格产生波峰极值或波谷极值，具有典型的波动特性。

这里首先解释一下什么是单边极值运动，就是股价在连续上涨或连续下跌的过程中，每天都能创出新高或新低。

新股民大多喜欢看涨幅排名，喜欢拉升，喜欢突破，喜欢起爆点，有时候也会买对，但大多数情况都是以亏损告终，而在所有的周期中，四周期是其发生最多最普遍的一种时间间隔规律，犹如大自然有一年四季一样，价格在连续的四周期内，如 4 小时、4 天、4 周、4 月、4 年都在围绕着极值做某个方向的突破运动，这是粒子性的典型微观表现。

如中油工程的日 K 线，经历了 4 天跌，4 天涨，4 天横盘，典型的四周期。如图 4-2 所示。

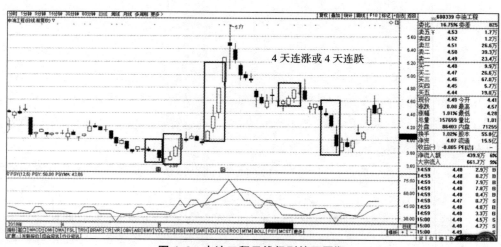

图 4-2　中油工程日线级别的四周期

再比如上证指数的月 K 线走势也是如此，在 2015 年的大行情中呈现标准的 4 个月涨、4 个月跌的四周期走势，如图 4-3 所示。

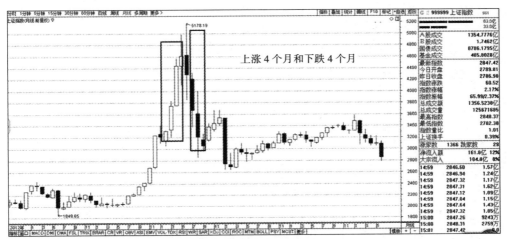

图 4-3　上证指数月线级别的四周期

我们再结合艾略特波浪理论从波浪的角度来详细分析一下，艾利特波浪理论是本假设的重要参考，并将得到有效的验证。艾利特认为股票市场遵循着一个周而复始的节奏，先是五浪上涨，随之有三浪下跌，1 浪、3 浪、5 浪是上升浪也称主升浪，2 浪与 4 浪与趋势方向相反，故称为回调浪，五浪结束后出现一个 3 浪形式的调整，如图 4-4 所示。

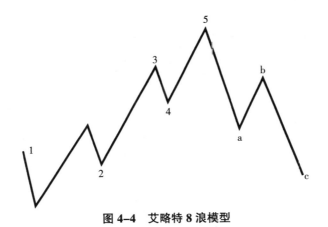

图 4-4　艾略特 8 浪模型

在二象理论中，在第一浪之前熊市末期一定有一个次高点的存在，我们暂时定它为 A 点，在连续上涨五浪的周期内，先后出现过三次突破极值的运动，分别是一浪末端突破 A 值产生了 B 值，在三浪末端又突破 B 值产生 C 值的新高，在最后一浪，第五浪的过程中 C 值突破产生最高点 D 值，D 值也是上涨五浪的最高点，也就是说在连续一个上涨周期内，价格单边上涨只能产生 4 个极值，在第五个周期结束价格必将出现反向运动，下降 3 浪开始，如图 4-5 所示。

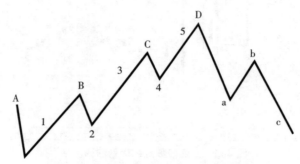

图 4-5　二象理论对艾略特波浪的理解

艾略特波浪理论中可以将每一波大浪向下一层次划分成小浪，如图 4-6 所示，共可以细分成 34 个小浪。

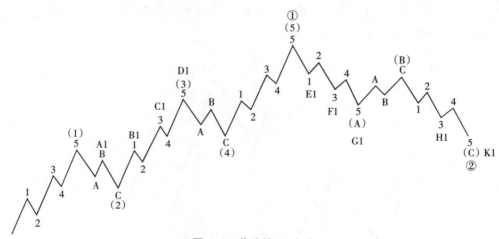

图 4-6　艾略特 34 小浪

在图 4-6 的结构中我们非常明显地看到假设 3 中的结论，A1 是（1）浪和（2）浪的回调浪 B1 点突破 A 点预示大（2）浪的开始，于是 C1 值、D1 值相继突破产

生，当突破 4 个极值后大（2）浪瞬间结束，同样在下跌的过程中，E1 值是大
（3）浪中最后一波的起跌点，F1 值跌破 E1 值，说明行情已经走到尽头，头部开
始出现拐点，随后 G1、H1、K1 点新低不断出现，连续出现 4 次低点后，下跌 3
浪走完，整个艾略特大周期走完。艾略特波浪理论和四周期理论中将会详细讲述
二象假设 3 中极值单边运动变化的规律，而假设 3 也是二象理论中非常重要的交
易依据，它解决了艾略特波浪理论过于繁杂和数浪难辨的问题，相反用简单的极
值突破来替代，帮助大家能更好地领悟与应用波浪理论。

第四节　市场中只存在两股力量

　　假设 4：市场中只存在两股力量，即多方和空方，多空双方以中心位为界限
划分为多方控制区和空方控制区，多空双方可以互相转化，推动价格做出周期性
有节律的运动。

　　我先讲一下中心位的定义，中心位就是股价开盘价和收盘价格二分之一的地
方。然后我解释一下什么叫多方控制区，即股价在每天的上涨过程中，不断创新
高，但是同时最低点不创新的拉升过程，如图 4-7 所示，上证指数在 2018 年 1
月的过程中就是一波标准的多方控制区，如图 4-8 所示，创业板指数在 2018 年

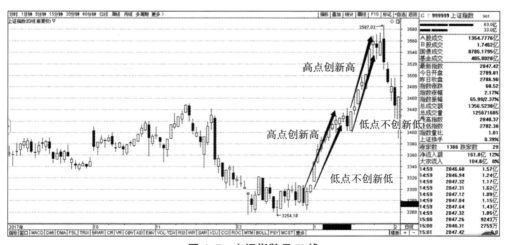

图 4-7　上证指数日 K 线

图 4-8 创业板指数日 K 线

1 月底到 2 月初的阶段就是一波典型的空方控制区，低点不断创新低，高点不创新高。

  所有新股民都没有对股票有多头和空头的定性能力，5 年以上的老股民开始有多空定性能力，10 年以上的老股民开始具备定量的能力。

第二部分

战略篇

——7 大战法

第五章　极值趋势战法

第一节　极值趋势战法的描述

极值趋势战法是利用 20 日均线和 240 日均线之间金叉或者死叉来判断能否形成趋势性的行情，同时通过观察股价突破 20 日均线和 240 日均线的特点，来判断 20 日均线和 240 日均线之间到底能不能形成金叉，一旦形成金叉以后股价最终的涨幅就是以 20 日均线和 240 日均线金叉时的价格为基准，乘以 3，就得到了最后目标价格，这个就是极值趋势战法定义。

我们接下来会用二十四个案例来详细介绍极值趋势战法的特点与运用，同时会结合学员的一些提问来有针对性地解答与分析。

第二节　马到成功——四川双马

我们可以通过 20 日均线和 240 日均线之间的关系来进一步研究趋势产生的规律性。我们选取的是 2013 年、2016 年和 2017 年。这三年中我们选择涨幅排名靠前的股票。避开 2015 年，因为 2015 年一整年是杠杆牛市年，不能很好地说明 20 日均线和 240 日均线之间的一个作用。

第一只股票我们分析的是 2016 年的四川双马（000935）。我们看到 20 日均线和 240 日均线，从 2015 年 8 月底到 2015 年 12 月，有过一波上涨，见图 5-1。

在 2015 年 12 月 4 日，开始达到 240 日均线。240 日均线当时的价格是 7.73 元。2015 年 12 月 7 日，开盘高开在 8 元，我们 240 日均线的战法中曾经提到过，在 240 日均线的跳空是极值战法的一个必备条件。2015 年 12 月 7 日当天涨停，如图 5-2 所示。

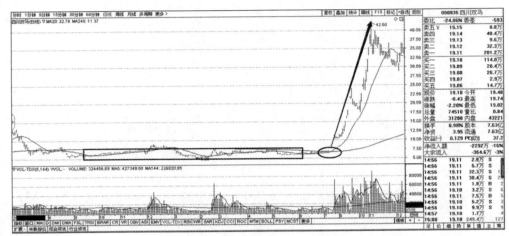

图 5-1　四川双马的日 K 线

图 5-2　四川双马 240 日均线上的跳空涨停

　　2015 年 12 月 9 日再次大涨 5.26%。那么在这个过程当中，我们看到 20 日均线和 240 日均线之间。呈现出一个剪刀差。但是他这一个三角形的。缓慢爬坡过程并没有带来四川双马的发动，如图 5-3 所示。

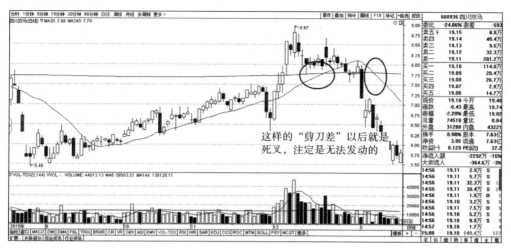

这样的"剪刀差"以后就是死叉，注定是无法发动的

图5-3 四川双马20日均线和240日均线之间的金叉和死叉过程

在2015年12月28日，四川双马未跌破20日均线，同时，在2016年1月4日四川双马跌破240日均线，从此一个月内再没有起来过。4天以后股价并没有迅速的拉回20日均线和240日均线，一直跌到2016年1月27日。我们可以看到，从2015年8月26日到2015年12月9日这一个过程中20日均线和240日均线第一次形成一个夹角，进行了一次金叉，但是并没有什么真正的动作。接下来达到2016年1月27日5.06元的最低价，股价开始迅速地反弹，在2016年1月16日股价有效突破20日均线，20日均线的价格是5.65元，收盘的价格是5.73元。6天以后，也就是2016年2月23日，股价突破240日均线收盘价，涨幅是9.97%，也就是一个涨停板。但是我们在240日均线战法里边曾经讲到过，要高开跳空站在240日均线上方技术上才有效，才能产生短期的收益。2016年2月25日，四川双马股价开始跌停。四周期以后到达2016年2月29日。正好是对称反弹战法的一半，同时，打到20日均线，在这个位置开始企稳反弹。随后股价就沿着20日均线开始慢慢地震荡整理向上。在2016年4月26日股价再次突破240日均线7.42元，可是，收盘并没有站在240均线的上方。但是20日均线和240日均线之间的剪刀差口越来越小。随后，四川双马再次跌破20日均线，在2016年5月6日，大跌7.83%，随后整个股价回落到20日均线的下方。2016年5月12日最低价达到5.70元。以后四川双马再次启动，这一次，股价和20日均线与240日均线的距离越来越小。在2016年6月29日股

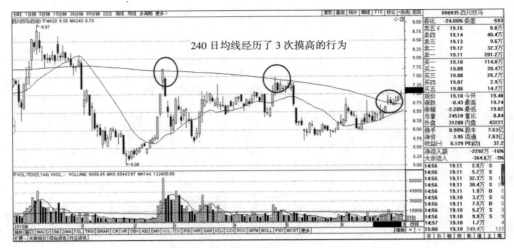

图5-4 四川双马240日线压力位图

价再次突破240日均线，我们可以观察2016年6月29日的细节，开盘涨幅高达2.11%，240日均线是6.75元。换句话说，它符合极值战法中跳空高开的要求，四川双马开始站在了240日均线上方。2016年6月3日，四川双马下跌1.32%，开始在240日均线进行震荡整理。接下来几天股价都收在240日均线上方。5天以后也就是2016年7月6日，股价和240日均线之间产生跳空。2016年8月22日开始，四川双马连续拉升，首先以一字涨停的方式直接达到11元附近。接下来又用不到一个月的时间，股价迅速冲高到21元。最后，股价到达最高点，即2016年11月3日的42元。可以讲整个2016年四川双马的表现是非常强劲的。那么在这里我们可以看到20日均线和240日均线之间的关系直接决定了龙头的未来。从股票短线上涨的动能上看。前面我们已经讲过，跳空以后站在240日均线上方是必要条件。但是如果一个票是大牛票，涨幅像四川双马一样要达到7倍左右收益，我们可以通过20日均线和240日均线之间的状态以及股价所能够达到的次数来判断大趋势票的规律。我们来总结一下四川双马整个上涨的原理，首先第一点，股价都会沿着20日均线进行且向上冲击240日均线，最后把股价击穿到240日均线上方为一次剪刀差成功。但是它这一个过程在第一阶段是主力的。建仓吸货的阶段，第二阶段必然要经历股价跌破20日均线的价格，我们讲过20日均线的价格是主力的成本价，股票在20日均线下方，主力是不赚钱的，那么第二个规律就是要有个洗盘的动作，股价要击穿 20 日均线到达 20 日均线的下方形成镂空，形成均线形态上的脱离。然后，再次往上突破，2016 年 6 月就表现出再次向上进攻并突破 20 日均线，然后达到 20 日均线和 240 日均线之间。那么这和前面几次情况不一样，因为前面几次都是属于比较僵直的，比较僵直地往上冲但没有弹性，比方说在 2015 年 12 月 10 日与 2016 年 4 月 26 日这两个时间段，都是在顶部去触碰底线，然后必然要经历回落，最后形成股价在 20 日均线下方。随后击穿 20 日均线形成 20 日均线的第一次金叉，站到 20 日均线上方以后股价将会突破 240 日均线，这个时候突破了 240 日均线就不会回落。从根本的原理来讲 20 日均线和 240 日均线之间的金叉行为才能造就一波非常大的牛市行情。

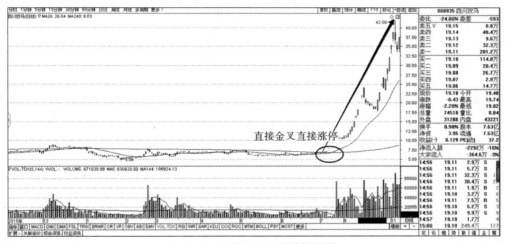

图 5-5　四川双马金叉涨停起爆

● 课后作业

①在四川双马中为何前面的上涨僵直而没有弹性的话是不能金叉成功的？

②四川双马为何在进行金叉之前要进 3 次摸高？表明了主力的什么意图？

第三节　滚滚长江东逝水——三江购物

三江购物上涨的特点：股价 20 日均线突破 240 日均线以后，在 240 日均线以上维持了 6 个月左右的时间，最后行情出现大幅上涨。

学员宏胜问：老师请分析一下三江购物的 15 个涨停板的上涨逻辑。

老师解答：宏胜你好，三江购物是 20 日均线和 240 日均线金叉的标准战法，具有时间长、蓄势久、涨停多的特点。

● 关键

①二元分类，主要是看两个均线的关系以及和股价的位置来判断趋势行情。

②俯冲，俯冲的目的是产生它的一个上涨空间。

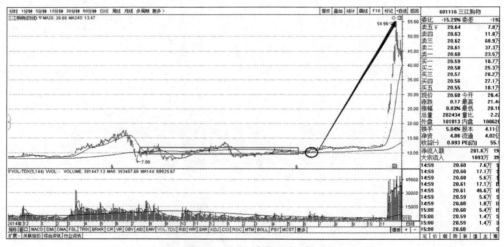

图 5-6　三江购物 5 倍涨幅

我们来讲一下 2016 年的三江购物（601116），这个股票和四川双马的图形有点类似，也是属于当年的比较牛的票。我们看到 2016 年 9 月起三江购物就开始了一波比较慢的上涨，2015 年 10 月 9 日股价就已经开始站在 20 日均线的上方。在 2015 年 10 月 16 日三江购物就开始触到 240 日均线，240 日均线的压力开始增大。其后 20 日均线和 240 日均线之间形成了纠缠，股价是填在 20 日均线和

240 日均线之间。所以这个时候的第一次金叉还不能够发动，虽然这个在 2015 年 10 月 27 日股价突破 20 日均线和 240 日均线，然后再到后期整个 2015 年的 10 月到 12 月基本上都维持在 240 日均线的上方，但是这样的一种剪刀差是突破不上去的，如图 5-7 所示。随后 2016 年 1 月股价就开始回落，回落完后首先跌破了 240 日均线，2016 年 1 月 4 日又跌破了 20 日均线。2016 年 1 月 7 日跌破 240 日均线。这样导致股票再次回到 240 日均线和 20 日均线的下方。这里面到底有什么目的呢？就是要做 20 日均线和 240 日均线的死叉。我们讲过这个系统是二元分类的，其主要是看两个均线的关系以及和股价的位置来判断趋势行情。那么，到 2016 年 1 月股价开始企稳，然后再次缓慢的爬升，很明显在这个时候，主力又开始了一个建仓和吸货的过程，在 2016 年 2 月 3 日股价再次突破 20 日均线，从此又回到了成本上方。同时，这个股价又再次和 20 日均线进行纠缠，并在 240 日均线下方进行不断的俯冲，2016 年 4 月 6 日这天很关键，因为在盘中大涨 8.87% 尾盘的时候它迅速地突破了 240 日均线，但是我们在 240 日均线的极值战法中讲到过，这种突破的力量是不大的，必须要满足跳空高开在 240 日均线以上才能证明它的强度。果然在 2010 年 4 月 7 日股价再次回落，跌幅 5.43%，主要目的是打回 240 日均线下方的一种状态，不让它跑到 240 日均线下方去。这个时候我们可以看到股价在 2016 年 4 月 6 日、2016 年 4 月 20 日也突破了 240 日均线并在之上方。2016 年 5 月 6 日股价再次击穿了 240 日均线，股价开始进

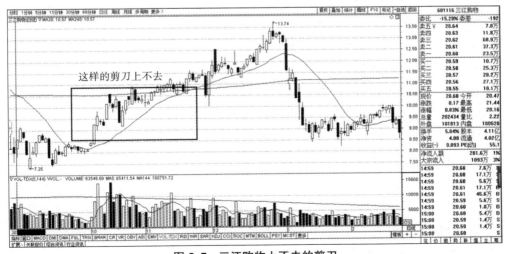

图 5-7　三江购物上不去的剪刀

行最后一次洗盘，同时这也是我们讲的剪刀差的一个过程，这个时候的这个剪刀差经历了前方 240 日均线的摸底以后。开始俯冲，俯冲的目的是产生它的一个上涨空间，如图 5-8 所示。

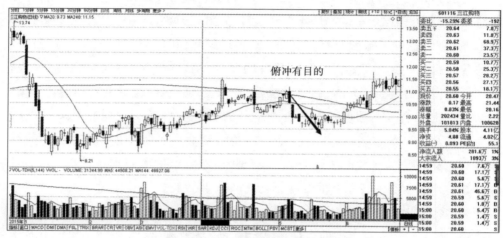

图 5-8 三江购物金叉之前的俯冲

我们看到在 2016 年 5 月 6 日，股价同时击穿 240 日均线和 20 日均线，然后迅速地达到 20 日均线下方形成镂空。2016 年 5 月 19 日达到最低价 9.46 元。这个时候产生了下跌探底的一个基础条件。而且 20 日均线和 240 日均线之间的差距也变得越来越小。在 2012 年 5 月 31 日，股价再次突破 20 日均线，这个时候，开始产生第一次股票股价和 20 日均线金叉。6 月 1 日，股价再次突破 240 日均线，但是收盘没有涨上去，并开始了最后一次剪刀差，如图 5-9 所示。

形成整个趋势上面一个分水岭的状态，2016 年 6 月 3 日站在 240 日均线以上，2016 年 6 月 6 日又是再次站在 240 日均线上方，这个给我们的感觉有点类似于四川双马的最后一波大涨之前的走势。2016 年 6 月 14 日股价在 20 日均线和 240 日均线之间企稳。2016 年 6 月 15~16 日，这个时候，20 日均线和 240 日均线之间的剪刀差已经完成，三江购物，从此开启了多头的一个真正意义上的大行情前的发动准备，如图 5-10 所示。

三江购物并没有像四川双马一样急速地发动，而是再次经历了一个比较长的过程，但是我们可以看到，这次的金叉有两大特征：第一，和 2015 年年底时候的金叉不一样。它首先经历了一个缓慢爬升的过程，这个在我们后期介绍金叉的

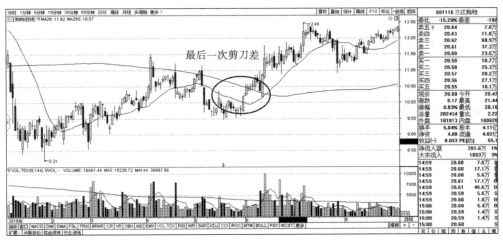

图 5-9 三江购物最后一次剪刀差

图 5-10 三江购物最后一次剪刀差

讲解中会跟大家提到对称反弹战法当中缓慢上涨的过程，因为这里面除了小趋势同时也是一种主力建仓的行为，还有同位性的战法等，大家可以在相关章节中进行查阅。8月股价在 240 日均线位置进行摸高但不进行突破，是建仓的一个好机会。第二，股价要经历主力的洗盘，洗盘的真正目的在于第二次一个反弹的目的，就是快速拉升的目的。在三江购物当中，我们可以看到股价在 5 月 9 日的时候，就开始了突破。20 日均线的一个行为，最后在 20 日均线下方形成了长达半个月左右的一个镂空，这个其实是为后期 20 日均线金叉 240 日均线做准备的。这个时候是真正意义上的行情发动的一个变盘点，也是大趋势产生的一个重要的时间节点。我们看三江购物，自从在 2016 年 5 月 15 日产生金叉以后，这只股票就再也没有出现过股价回到 240 日均线下方的情况，而且基本上很稳定地在 20 日均线附近进行震荡整理横盘。直到它最后发动行情的前一天即 2010 年 11 月 10 日，这个时候是一个典型的二象结构（三阳夹一阴）。但是在这之前我们可以看到股价再也没有机会达到 240 日均线的价格了。所以我们可以看到三江购物已经做好了充分的准备，并为后期的暴涨提供了足够长的时间，当然在基本面上是由于阿里概念的发酵。但是在技术上面，我们完全可以看得到主力在洗盘和建仓的过程当中，20 日均线和 240 日均线之间金叉是多么的重要。

● 课后作业

①在三江购物中俯冲的目的和意义是什么？

②你有没有在买入股票后就经历俯冲的过程，然后割肉离场，最后股价开始拉升？学习了三江购物以后你觉得应该如何才能避免这种情况？

第四节　电瓷对对碰——大连电瓷

大连电瓷的上涨特点：股价在 20 日均线和 240 日均线金叉以后，股价再次回落到 240 日均线，行情从此展开。

学员王先生问：老师请分析一下大连电瓷的上涨技术特征。

老师解答：王先生你好，大连电瓷可以用 20 日均线和 240 日均线金叉的极值趋势战法来分析。

● 关键

在趋势交易中如何做短线交易。

下面我们来讲一下大连电瓷，大连电瓷在 2016 年的表现也是非常不错的，在 2015 年的时候，它曾经在股灾以后有一个比较大的震动，从最低 9.20 元慢慢地涨起来，在 2015 年年底的时候，它这里面做了一个剪刀差，这个剪刀差在 2015 年 9 月 30 日就开始走到 20 日均线上方，然后经过一波的拉伸和慢慢地上涨把价格打到 2015 年 12 月 28 日的最高价 19.2 元。在这个过程当中，我们可以看清楚两点：第一点，在 2015 年 11 月 11 日突破了 240 日均线，如图 5-12 所示。

图 5-11　大连电瓷日 K 线

图 5-12　大连电瓷第一次金叉

　　在这个过程当中它是第一次突破 240 日均线，然后继续回落。同时，我们
240 日均线的极值战法同样有效，它并没有高开跳空突破 240 日均线，而是在盘
中突破，这个是需要进行震荡的。我们可以看到，这是一个比较漫长的过程。这
个上升趋势在同位性战法里面我们曾经讲过，在这一波上涨当中有一个比较大的
反弹。反弹实际发生在 2015 年 11 月 3 日那天。

　　所以说它打到 20 日均线作为一个支撑然后就开始出现了一波比较快速的上
涨。大连电瓷在这个位置的价格我们把它记住，大概是在 13.42 元。这个 13.42
元，我们可以把它作为同位性战法中的价格。

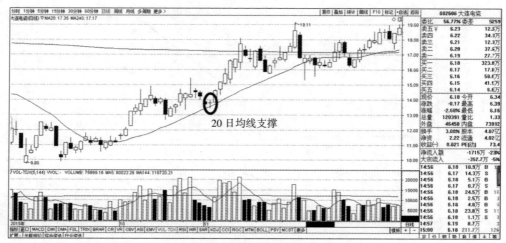

图 5-13　大连电瓷第二次金叉

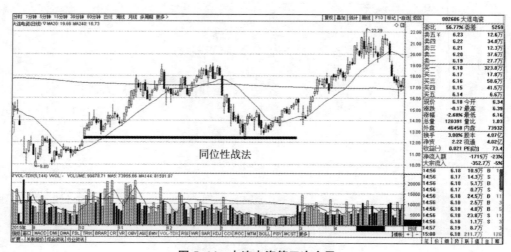

图 5-14　大连电瓷第三次金叉

　　未来主力洗盘的价格也就应该是同位性战法的最低价。然后在 2015 年 12 月份，股价虽然是已经达到了 240 日均线，但是这个是上不去的啊，这种纠缠是上不去的。随后在 2016 年 1 月 4 日，股价同时击穿 240 日均线和 20 日均线，股价开始回落。此后产生一个和 20 日均线之间的镂空。在这里我们明显地看到一个细节问题，在 2015 年 12 月 21 日，20 日均线和 240 日均线进行过第一次纠缠，这个我们在后期的纠缠战法中也会讲到。这种纠缠这种金叉是非常好的一个信号，包括我们前面看到的四川双马也好，都具有这样的特征。然后一波回落，回来以后基本上是处于 20 日均线下方，那么 20 日均线下方的动作叫洗盘，洗盘的最低价格应该是在前期的 13 元左右的一个位置，同位性战法有效，接下来股价将会呈现继续上涨。首先股价要击穿 20 日均线，到 20 日均线上方去填满 20 日均线和 240 日均线之间的一个空间。在 2016 年 2 月 3 日股价就开始突破 20 日均线，站在 20 日均线的上方。然后就出现了和 240 日均线之间差距在缩小的情形。这个时候将会出现第二次 20 日均线和 240 日均线之间的一个金叉过程，如图 5-15 所示。

图 5-15　大连电瓷金叉后回踩 240 日线

这个过程在我们以前讲的对称反弹战法和纠缠战法里面有类似的情况。在大连电瓷里面我同样会进行有效的运用。我们看在这个地方，在 2016 年 3 月 22 日 240 日均线的价格是 16.92 元，收盘是 17.69 元，成功地站在了 240 日均线上方。2016 年 3 月 23 日、2016 年 3 月 24 日、2016 年 3 月 25 日都在 240 日均线的上方。但它像四川双马这种情况比较少见，多数股票的行情可能并不是那么快暴涨，就像三江购物一样，它也经历了一个比较长的过程。但是这个时候已经开始表现出大连电瓷的 20 日均线和 240 日均线之间金叉的一个意图。我们再看，如果说我们在大连电瓷这个大牛股票里面做一个短线该怎么做，如图 5-16 所示，在 2016 年 3 月 29 日它坐在了 240 日均线的上方，这我们叫有效击穿。240 日均线的价格是 16.90 元，它的收盘价格是 16.65 元。然后第二天，股价开盘是 16.93 元，240 日均线价格是 16.91 元，也就是说它击穿了。240 日均线的价格第二天高开在 240 日均线上方，这个就是我们在 240 日均线及战法里面讲到的一个短线交易的机会。

图 5-16　大连电瓷金叉时产生的大阳 K 线

　　大连电瓷大涨 7.69%。当然，我们在很长的一个周期里面做短线仅仅是赚一些比较小的差价。那么这个票能涨多少呢？我们继续看。从 2016 年 3 月 30 日以后这个大连电瓷就一直在往上进行拉伸。2010 年 4 月 8 日是一个非常重要的时间节点，因为这个时间节点代表 20 日均线和 240 日均线之间进行有效的金叉，也是我们后面讲的缠绕战法成功。那么这个过程代表着这一波趋势将是以年为单位的上涨，而不是一个小小的波动。我们看大连电瓷后期直接开始了一波比较快速的上冲，最高达到 2016 年 4 月 21 日的 22.29 元为止，这个股票一直在往上进行运动。2016 年 5 月以后开始出现了一个回跌，我们注意看，这个回跌有点类似于我们在缠绕战法中讲的 5 日均线和 10 日均线之间的一个跷跷板法。240 日均线的这个位置，我们看在 2016 年 5 月 12 日，最低价是 16 元，240 日均线的价格是 16.77 元，它到了这一个 240 日均线的价格就形成了一个支撑，同时开始在 240 日均线的价格上方运动脱离。在 2016 年 5 月 31 日又重新站回了 20 日均线的上方。也就是说，在这个地方 240 日均线的这个价格，在它上涨的过程当中只到了一次，后期大连电瓷这只股票呈现一路上扬的态势。这只股票在 2016 年 12 月份，大连电瓷最高涨到 2017 年 2 月 13 日。也就是在这个过程当中，它从 20 日均线和 240 日均线进行金叉的那一刻，价格快翻了 3 倍。所以在短短一年的时间之内这只股票的涨幅是非常大的，如图 1-17 所示。所以我们理解大连电瓷的上涨趋势从年均线级别来看这种属于极值趋势法。二象理论交易体系一个最大的特征是同时具备极值和趋势交易的双向性。在这里我们通过极值去理解趋势的规律。

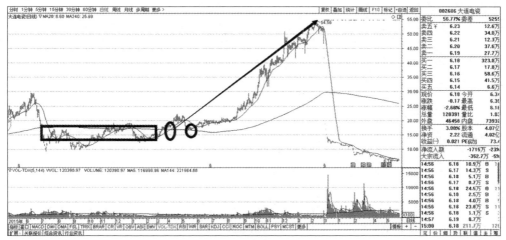

图 5-17　大连电瓷金叉后 3 倍涨幅

通过认识趋势来发现在交易的过程当中极值所产生的短线交易的机会，所以我们在第一章中主要用极限思维来讲 20 日均线和 240 日均线之间的战法，最后我们把 20 日均线和 240 日均线进行汇总，产生极值趋势战法。

● **课后作业**

① 在极限趋势战法中是如何做到短线获利交易的？

② 大连电瓷中跷跷板战法是如何出现的？

第五节　信鸽飞远方——银鸽投资

银鸽投资的上涨特点：股价从 20 日均线下方到 240 均线上方用了 4 天时间，然后 20 日均线和 240 日均线金叉，行情发动。

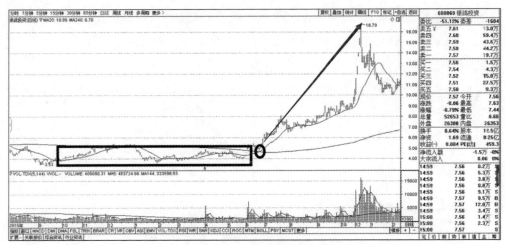

图 5-18　银鸽投资日线

学员沈童问：老师我在 2015 年 12 月买入银鸽投资，后来就发生亏损，在 2016 年 6 月 17 日我解套了就卖出，没有想到银鸽投资涨到 16 元以上，因为有套牢的经验，所以一直不敢买，老师能不能分析一下，我卖出了就大涨，这是为什么？

老师解答：沈童你好，像你这种情况在散户身上发生得很普遍，要从根本上解决这个问题，就要从 20 日均线和 240 日均线的极值趋势战法开始讲起。

● 关键

①240 日均线压力测试。

②240 日均线极值战法。

我们详细看这只 2016 年的股票——银鸽投资。这只股票同样是低价股里面的一匹"黑马"。银鸽投资在 2015 年 9 月，和前期这些股票一样都经历了一次股灾。其实，缓慢上升到最低 13.53 元，在 2015 年 9 月 2 日达到的这个价格后期并没有突破。在这一波上涨趋势当中，我们可以看到 240 日均线在这个剪刀叉的上轨是形成了巨大的压力，在 2015 年 11 月 12 日进行了触碰，2015 年的 11 月 18 日进行了触碰，2015 年 12 月 7 日同样进行了触碰，但是第二天都并没有进行一个很好的站稳就回落了。所以这个过程应该来说是一个压力的测试，如图 5-19 所示。

图 5-19 银鸽投资第一次金叉

在 2016 年 1 月 10 日就开始进行了回落，有效地击穿 20 日均线，股价大幅下跌 4.95%，这个过程应该说第一波就已经做完。在这个过程当中我们可以把它理解为这是一种第一次剪刀叉，那么我们同时再往前看一下，我们发现这个阶段的峰量是在 2015 年 10 月 26 日，最低的价格是 4.17 元，它的涨幅是 5.02%。这个地方同样证明了我们同位性战法的存在。

图 5-20 银鸽投资支撑位技术

也就是说在 4.17 元附近会有一个支撑的作用，股价立马会有一个反弹的需要。我们来看从 1 月 10 日以后股价进行了快速反弹。这波的股价最低杀到的是

2016 年 1 月 28 日的 3.57 元。然后开始出现了一波上涨，其中在 2016 年 2 月 4 日，刚刚突破 20 日均线，当时就觉得价格是 4.01 元，它的收盘价格却是 4.02 元，多出了一分钱，但是已经证明它是有效上升的。所以这个过程应该说算是把价格再次追踪到 20 日均线和 240 日均线之间，如图 5-21 所示。

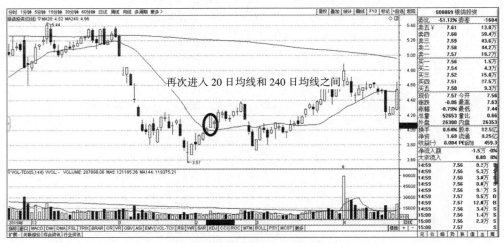

图 5-21　银鸽投资突破 20 日均线技术

　　然后我们再来看。股价开始扭动 20 日均线，这个时候 240 日均线在往下运动，20 日均线在往上运动，这个地方就出现了一个背离，这也称为是钩底行为。在纠缠战法里面，我们讲的很形象，这种就是一个均线的纠缠方法。在 2016 年 5 月 18 日股价最低达到 3.98 元，似乎这个时候并没有表现出它的一个金叉的行为。但是我们可以看到 20 日均线和 240 日均线之间的差距越来越小，同时股价在围绕着 20 日均线这个成本价格附近进行不断地徘徊、震荡和整理。2016 年 6 月 7 日，这是一个非常特殊的时间，这个时间是一个打金叉的时间。我们看到了 2016 年 6 月 7 日银鸽投资直接一字板，第二天银鸽投资以涨停板的形式高开在 240 日均线上方。这个我们在 240 日均线极值战法当中讲过，这是会产生交易的一个窗口，也就是说会产生一个短线交易的机会。从此，银鸽投资就一直站稳在 240 日均线的上方。在 6 月 13 日、6 月 14 日、6 月 15 日间，其中最低 6 月 15 日是达到 240 日均线上轨。股价在 240 日均线上方运行了十天以后到 2016 年 6 月 24 日收盘 4.98 元。这个时候产生了 20 日均线和 240 日均线的一个金叉。从这个金叉以后这个行情就开始了它极限趋势战法，从此银鸽投资从 2016 年 6 月

20 日以后，便一路高歌猛进，一直在往上涨，而且也没有出现纠缠战法中再次回到 240 日线的机会，而是围绕着 20 日均线不断地缓慢地上升。我们在三江购物里面看到过这样的现象。最终它把股价推高到 2016 年 12 月 20 日的 16.79 元的价格，从它金叉那一刻的最低价 4.81 元到最高价 16.79 元整整上涨了接近 4 倍的收益，如图 5-22 所示。

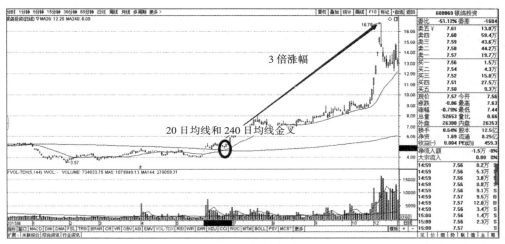

图 5-22 银鸽投资金叉突破

可见，极限趋势战法在大牛票的大趋势中的作用是非常关键的。

● 课后作业

①银鸽投资为什么在第一次剪刀差的时候不能买入？

②银鸽投资在后期第二次剪刀差的过程中是如何判断 20 日均线和 240 日均线之间的距离越来越收缩的？

第六节 地热能赛太阳——顾地科技

顾地科技的上涨特点：股价在 240 日均线和 20 日均线出现最后一波回调以后，出现地点逐步抬升的特点，最后出现 20 日均线和 240 日均线金叉，行情发动。

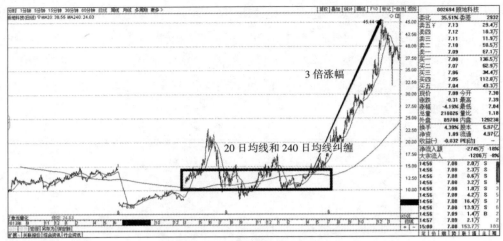

图 5-23　顾地科技三次金叉

学员老张问：老师你好，请你分析一下 2016 年顾地科技有何独特的方法可以让主力给我抬轿？

老师解答：老张你好，顾地科技也是 20 日均线和 240 日均线金叉产生趋势极限战法的典型案例。

● 关键

①20 日均线极值弹法。

②240 日均线极值战法。

我们来看一下 2016 年顾地科技的走势，和前面几只股票一样，顾地科技在 2015 年 9 月份就开始出现一波比较温和的上涨。股价从 8 元最高涨到 2015 年 12 月 31 日的 17.57 元。在这个过程当中经历了几次突破，第一次突破是 20 日均线价格；第二次突破是 2015 年 10 月 8 日收盘，大涨 7.27%，收盘报收 10.03 元。2015 年 10 月 9 日，股价和 20 日均线之间并没有封闭，而且一直在 20 日均线的上方运动。最后在 2015 年 10 月 21 日，股价在 20 日均线有一个反弹，这是 20 日均线的一个弹法，如图 5-24 所示。

在 2015 年 10 月 30 日 240 日均线的极值战法产生，我们可以看到，在 2015 年 11 月 3 日有效击穿 240 日均线，240 日均线的价格是 11.75 元。在此期间，11 月 2 日并没有有效地站在 240 日均线上方，10 月 30 日也没有站在 240 日均线价格的上方。注意 2015 年 11 月 4 日 240 日均线的价格是 11.77 元。顾地科技在 2015 年 11 月 4 日高开 0.08%，高开价格 11.80 元。这个时候有效地站在了 240

日均线的上方叫跳空高开，是典型的 240 日均线的极值战法。

图 5-24 顾地科技突破 20 日均线技术

图 5-25 顾地科技突破 240 日均线技术

但是在极值趋势战法当中，这样的剪刀差还不能构成一波强势上涨的必要条件，后期顾地科技在 11 月 16 日开始进行 20 日均线和 240 日均线金叉，它的强度还是比较大的，所以它一直涨到 2015 年 12 月 31 日。在这波上涨的过程当中，我们可以看到首先在这里成交量放的比较大。同时，在这里有一个明显的对称反弹战法。在这个过程中我们发现在 2015 年 10 月 30 日，这个时候成交量放出的是阶段性的天量，同时有效突破 240 日均线但是并没有站在 240 日均线的上方，但是它的这个涨幅是非常巨大的。它的最低价格是 10.59 元，这个在它后期回调以后的价格将会是一个有效的支撑位。2016 年 1 月 14 日，顾地科技在短短两周的时间内直接让价格跌到 10 元，跌破了最低价格 10.59 元。

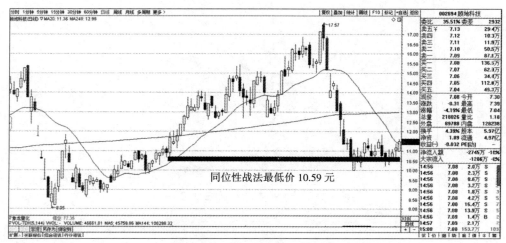

图 5-26　顾地科技支撑位技术

这个我们在后期会详细去说。顾地科技击穿了 10.59 元最低达到 10 元，开始企稳，而且这个价格是比较低的价格。然后开始横盘运动。2016 年 2 月 2 日股价再次击穿 20 日均线又跑到 20 日均线的上方进行金叉前的准备工作。但是 2 月 22 日达到最高价 12.94 元以后再也无力上涨，距离 240 日均线只是一步之遥，继续回落开始进行和 20 日均线的纠缠，2016 年 4 月 7 日正式击穿 240 日均线。同时股价在 4 月 11 日再次冲击 240 日均线，这是金叉前的必要准备。然后，股价快速出现四周期的上涨，最高达到 4 月 15 日的 15.5 元。在 4 月 19 日成功地打出了纠缠战法当中的一个金叉，20 日均线和 240 日均线之间成功进行了金叉，极值趋势战法成立。然后股价就开始了不一样的运动方式，从 2016 年 4 月 20 日以后，它的上涨基本上都是达到 20 日均线就开始反弹，一路上扬，没有回调过，也没有达到 240 日均线进行跷跷板战法的一个机会，所以顾地科技一路上涨，一直涨到最高价 45.44 元，涨到 2016 年 12 月 19 日的时间节点上，整个波动结束。从它金叉的那一刻起，价格从 14.5 元到它最高的 45.44 元，涨幅高达 3 倍之巨，如图 5-27 所示。而且在短短 8 个月的时间之内获利是非常丰富可见的。在 2015 年这一波大牛市的结构当中，有一些股民还没有赚到钱，但是在后期的反弹当中

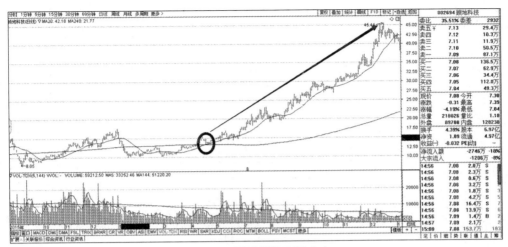

图 5-27　顾地科技金叉成功

却可以创造出比 2015 年更大的收益机会。其实可以看得出，极值趋势战法是非常重要的判断大趋势和主升浪的一个核心武器。

● 课后作业

①顾地科技为何在 2016 年 2 月 22 日不能金叉？

②顾地科技在 20 日均线和 240 日均线金叉前是如何突破 240 日均线的？

第七节　鲤鱼跳龙门——武昌鱼

武昌鱼的上涨特点：股价在 20 日均线和 240 日均线之间用一个涨停板几乎就可以同时涵盖两条均线，最后 20 日均线和 240 日均线金叉，行情发动。

学员陈女士问：老师你好，请你分析一下在 2016 年突破 8 元以后就一直不断上涨，它上涨的逻辑是什么？

老师解答：陈女士你好，武昌鱼是标准的利用 20 日均线和 240 日均线金叉的规律上涨的案例，在这里我们会提到多种战法的结合运用。

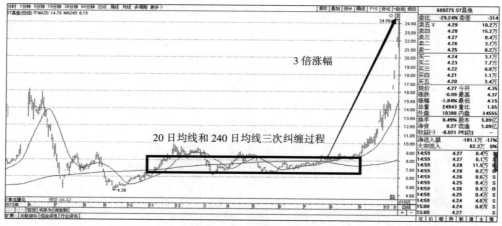

图 5-28　ST 昌鱼日 K 线

● 关键

①20 日均线极值战法。

②同位性战法。

③对称反弹战法。

我们具体来看一只 2016 年涨幅达到 300% 的股票。武昌鱼现在更名为 ST，代码是 600275。这个武昌鱼和前文的分析思路一样，同样经历了 2015 年以后的暴跌过程。在 2015 年 9 月 15 日到 2015 年 11 月 27 日最高价 10 元为止，从最低价 4.39 元计算，上涨的幅度达到 100% 以上。这个过程当中同样经历了几个特征：

首先是 2015 年 10 月 8 日开始出现 20 日均线战法，从此股价进入 20 日均线主力成本价以上进行运行，如图 5-29 所示。

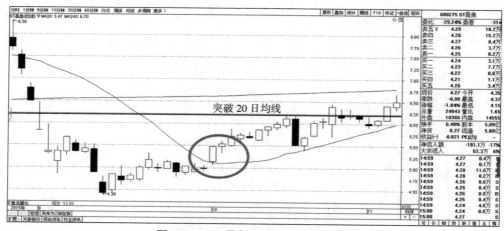

图 5-29　ST 昌鱼突破 20 日均线技术

在 2015 年 11 月 6 日，大涨 5.53%，成交量放出阶段的天量。而且在这个时候有效击穿 240 日均线，最低价是 6.44 元。这个代表着武昌鱼将会在 6.44 元产生支撑，随后武昌鱼又进行了一波快速的上涨，如图 5-30 所示。

图 5-30 ST 昌鱼突破 240 日均线技术

在 2015 年 11 月 20 日，进行了 20 日均线和 240 日均线的金叉，随后进行了一波回落，最低达到 6.21 元，突破了 240 日均线也同时突破了 20 日均线。这个在同位性战法中有效，如图 5-31 所示。

图 5-31 ST 昌鱼同位性技术支撑

接下来股价再次往上进行运动，在 2016 年 10 月 5 日再次站在 20 日均线的上方。但是我们注意一个问题，20 日均线和 240 日均线之间的差价实在太小，没有很大的空间。所以，这个时候武昌鱼就算能够进行金叉，也并不代表是一次真正的发动。我们看到在第一次剪刀差以后，要想形成真正的金叉，必须要在 20 日均线和 240 日均线之间形成一个非常大的空隙，出现进行一个震荡整理的机会。然后我们来进行观察，这个犹如在我们后期会讲到的一种对称反弹战法。直接从 10 元做到 6 元，然后进行上涨，上涨以后由于受到市场的影响开始回落。也就是说武昌鱼从 2016 年的 5 月初到 5 月底进行了 20 日均线和 240 日均线金叉成功以后的回落。这个虽然是大周期，但是我们和小周期的看法是一样的，同时最低的价格达到了 16.34 元。在我们的同位性战法当中，我们一直都注意着，两次打下来的价格都在 6.40 元，就再也跌不下去了，然后第三次在 2016 年 6 月 1 日再次站在 20 日均线的上方。这一次可以说是第三次进行金叉的准备工作。在 2016 年 6 月 7 日股价再次往上欲突破 240 日均线，但是 240 日均线的价格是 7.86 元，可它最多只能达到 7.83 元，如图 5-32 所示。再后股价应声回落，在 2016 年 6 月 14 日股价再次在 20 日均线进行企稳反弹。这个时候股价呈现出走平拉升的一种态势，这个位置在极值趋势战法中非常关键。股价要想形成最后一个金叉后再也不回落的一种状态，必须使 20 日均线与 240 日均线之间走平上翘，让价格能够维持得住这样一种趋势，而不是暴涨暴跌。2016 年 7 月 20 日，股价最终是以涨停板的形式有效地突破了 240 日均线，我们可以看到在整个过程当中主力稳定价格的行为是非常明显的。6 月 7 日到 7 月 18 日这一个半月之内股价就出现了一种纠缠的状态，最后在 7 月 20 日股价选择向上，趋势极值战法成功。在 7 月 27 日 20 日均线和 240 日均线进行成功金叉。这次突破 240 日均线发生在 2016 年 7 月 20 日。股价最终是以涨停板的形式有效地突破了 240 日均线，而且非常成功。然后，武昌鱼便开始了一波非常快的上涨，那是因为在前期它已经出现过了一波金叉的尝试，那个是在 2016 年 3 月到 2016 年 5 月，所以现在它就不会再出现天地板或者是跷跷板的机会回落到 240 日均线进行回踩确认，而是选择围绕着 20 日均线一路上扬，并且呈现出越打越高的一种状态，最后在 2016 年 10 月 24 日开始连续拉升，最终的价格达到 20 元，宣告一波行情的结束。

图 5-32　ST 昌鱼突破 240 日均线失败

图 5-33　金叉成功突破 240 日均线

所以我们在整个极限值战法中看得非常清晰，这里面有我们所有战法的影子，在 20 日均线和 240 日均线的基础上，经历对称反弹战法、中心位战法，最后纠缠战法，整个一波上升，它是经历的一个完整的过程，所以从大级别上面来看，是把所有的战法有机地组合在一起所形成的过程，这一过程最高的价格远远地突破了 2015 年所能形成的最高点 16.26 元的价格。

● 课后作业

①主力在运作武昌鱼的时候为何要经历 3 次的金叉才能发动？

②武昌鱼为何只回调到 2016 年 3 月 16 日的 6.21 元的最低价格，本书中的同位性是何意？

第八节　蛟龙潜伏——潜能恒信

潜能恒信的上涨特点：股价经过长达 2 年的时间横盘以后，出现高点逐步突破新高、低点逐步抬升的过程，犹如一条蛟龙，最后 20 日均线和 240 日均线金叉，行情发动。

学员付强问：老师你好，我对极值趋势的 3 倍涨幅很感兴趣，但是对于有些除权下来的股票有点看不懂，老师能不能举个例子讲讲？

老师解答：付强你好，我用潜能恒信来详细回答你的问题。

● 关键

①除权下来，要进行填权行情的处理。

②240 日均线回踩的踮踮板战法。

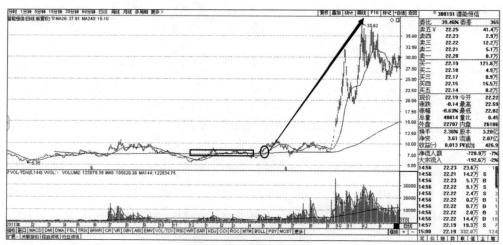

图 5-34　潜能恒信日 K 线

我们上一次主要是针对 2016 年的股票进行了研究，现在我们对 2013 年的股票进行分析。2016 年和 2013 年的区别在于 2016 年股市是 2015 年暴跌以后产生的一个反弹，有很多股票基本上会创出 2015 年以后的新高，这是一种典型的牛回头的走势。那么 2013 年的情况就是不一样的，2013 年应该说是一个阶段性的底部过程。很多股票经历了一个长达四年之久的横盘和震荡整理过程，基本上已经走成了一个非常低的位置和趋势，我们看整个这一波行情的一个发动仍然是借助于 20 日均线和 240 日均线之间的位置和关系。我们首先来看一下 2013 年整个大盘下跌 153 点，达到 6.75%。我们观察的潜能恒信（300191），在 2013 年 6 月它的价格达到一个新高以后受到利好的刺激，然后出现了一个上涨行情，股价从 13.50 元的位置直接达到最高的价格 21.9 元。通过这样的方式寻找它的底部，同时我们发现这只个股在 2012 年 5 月份同样类似的一个波动，这是以一种这样的方式来进行一个下跌。我们来进行观察，这个时候在均线上面表现出来的是 20 日均线实现了与 240 日均线首次进行的金叉。我们通过复权以后看的就比较清晰了，这个时候本身填权行情是一波比较大的交易机会，所以，我们通过复权，看一下它的两条均线纠缠，通过除权看它的填权行情是不是能够存在。我们看潜能恒信在 2012 年有过一波上涨，即从 5.35 元涨到 10 元，这个过程当中耗费的差不多有半年的时间，然后股价开始回落，再次回到前方接近底部过程中，底部的价格为 5.46 元。接下来股价再次开始进行上涨，这个上涨和前期的上涨，我们感觉到是不一样的，为什么呢？因为前期上涨经历的波动比较大，在这里，属于纠缠战法中时间和价格的一种状态，暴涨并不是一件好事儿。2012 年底的时候，从 2012 年 12 月 17 日起，20 日均线开始极值反弹战法，到 2013 年 1 月，进行

图 5-35 潜能恒信同位性技术支撑

了最大一波上涨，这一波过程当中股价接近上涨60%。然后我们来看一下，在12月27日的时候，股价在它的一个中间位置上出现了一个阶段性的峰量，它们那个最低价是6.76元。通过同位性战法发现，后期如果是"回家"的话应该是在6元获得支撑，然后均线就开始纠缠其中。20日均线和240日均线在2013年1月份开始进行了金叉，金叉以后和2016年股票的情况不一样，2016年时出现了一个比较明显的回落。但是2013年因为它接近一个整个调整的末端期，所以它的股价不太可能会出现比较大的波动，潜能恒信在这个地方开始进行纠缠，甚至和240日均线进行反复的缠绕，金叉死叉，死叉金叉。但是我们讲过这个是启动不起来的。纠缠战法里面讲的是一股气流的流动，然后通过这一股气进行着金叉和死叉的行为。从2013年3月26日开始，击穿20日均线和240日均线股价往下回落，回落最低价是2013年4月8日击穿了同位性战法中的6.67元。接下来股价就开始进行一个反弹。因为它前方横盘的时间比较长，所以在这里它不太可能再次出现类似于又平又尖又长的剪刀的那种击穿方法，而是出现了一个急弯的状态。2013年10月9日股价直接T字涨停在20日均线上方。2013年4月22日股价在240日均线上方高开突破。这两个涨停导致了后面一波非常快速的拉升。这个时候就要进场。同时这一个金叉是。在2013年5月8日开始上升，这个金叉的产生是后面行情发动的标志。因为这个纠缠比较短，所以它的上涨幅度比较大。也就是说，在这里进行了金叉以后跷跷板战法极有可能会发生。

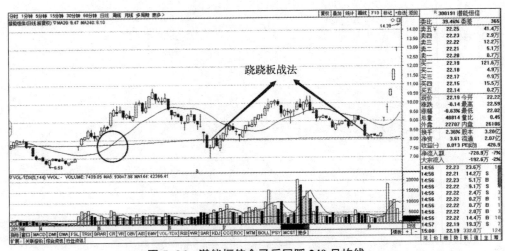

图5-36 潜能恒信金叉后回踩240日均线

　　所以在 2013 年 6 月 25 日股价再次回到 240 日均线。我们在 2016 年看到很多股票基本上很少有回到 240 日均线的机会，那是因为它前方的这一个剪刀差做得又平又窄、又尖又长，但是 2013 股票当中的潜能恒信，并没有表现出来这样一个比较长的台词。所以它的回落是必然，但在 240 日均线现在这个价格附近就要进行金叉，而且这次是唯一一次能够给你建仓的一个比较好的机会。从最低 6.95 元这个价格开始拉伸，再次拉升到 10 元左右。潜能恒信 2013 年 9 月份的时候再次给到机会，这是最后一次回到 240 日均线附近。随后，它开始拉升，这个拉升过程我们通过前方的价格来进行测算。当时金叉的价格是 8.95 元，如果按照 9 元计算的话应该涨到 27 元。2013 年 10 月 21 日潜能恒信第一波涨到 30元，。第二波涨到 37.82 元，行情结束。如图 5-37 所示。

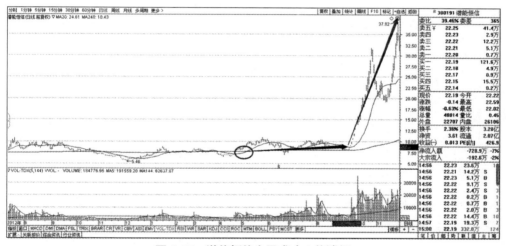

图 5-37　潜能恒信金叉成功 3 倍涨幅

　　我们通过潜能恒信这个例子发现了两点：第一，如果个股通过除权后出现填权行情，一定要通过复权来进行参考。第二，多数个股从底部开始进行快速反弹，它所能走出来的均线态势有可能不会破前方的低点。而且出现了这个纠缠的状态，可能并不是以剪刀的这种形式。再往上涨，更可能会出现这样类似于潜能恒信这种突然的一个涨停，两三天内就能够出现 20 日均线和 240 日均线进行直接的这个金叉，因为它在平台上方已经把 20 日均线和 240 日均线之间的差距缩得很小，所以两三个涨停板就能够马上达到它的目的。但同时我们也要注意它的一个回踩的机会，就是做跷跷板的这个机会，有些股票有一次机会，有些股票可能有两次机会，但是在这个过程当中都不太可能出现 20 日均线和 240 日均线之间的死叉行为。

● **课后作业**

① 为何要进行复权处理？

② 潜能恒信的跷跷板行为该不该大幅建仓？

③ 2013 年 4~5 月的快速拉升为何不可以直接买入？

第九节　12 连板威震中华——威华股份

威华股份的上涨特点：股价以 6~7 个小阳线的方式从 20 日均线突破 240 日均线，然后股价不再回落到 240 日均线，最后出现连板行情。

山东学员刘生问：老师你好，威华股份如何理解发动前的剪刀差行为？

老师解答：刘生你好，威华股份是比较经典的 20 日均线和 240 日均线的极值趋势战法，期间有 3 次摸高和涨停打金叉的行为，我们详细来分析。

● **关键**

涨停打金叉。

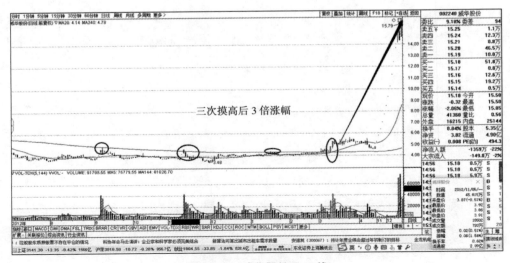

图 5-38　威华股份日 K 线

我们看威华股份，在 2012 年底的时候表现出来的态势股价在不断下跌过程中探寻底部，而且非常扎实。从 2008 年到 2013 年初，基本上已经回到了当时的一个起涨位，而且在整个过程中出现了一个圆弧的一种状态，在 2012 年 5 月 31 日曾经击穿过 240 日均线并产生压力。在 2012 年 11 月 13 日也到过 240 日均线并产生压力。那么在这个过程中呈现出来的是一种 240 日均线挂单法，但是 20 日均线从来都没有进行过金叉，所以在这里股价仍然表现为反弹一下创新低，反弹一下创新低。在这个过程当中我们看不到它有比较像样的一个上涨。这个和前面的股票不一样，因为受到一个利好的刺激可以有一波上涨，但这只股票没有上涨，只能够通过反弹来进行一个拉升，所以已在底部探底的时候主力做纠缠触碰到底线，就是一个信号，表现非常明显的压力位。同时我们看得很清楚，在 2012 年 9 月份到 2012 年 10 月份有两个一字板，这两个一字板很特殊，正好位置都是在 4.17 元左右，然后股价开始回落。2012 年 11 月 30 日，股价到 3.48 元最低的时候开始反弹，这次的反弹表现出来比较标准的剪刀差，这个剪刀又平又尖又长，而且均线排布得比较好。这就是要开始发生纠缠的一个信号，股价在 2012 年 12 月 5 日突破 20 日 K 均线，然后一直沿着 20 日均线进行一个匍匐上升，在 2013 年 1 月 18 日出现过一次尝试突破 240 日均线的机会，我们细致地观察，应该说是正好站在了 240 日均线的上方，但是第二天又开始回落了。这个和以前是有区别的，以前基本上都是挂在 240 日线以上能够企稳。接下来 20 日均线和 240 日均线之间的距离越来越小，在 2013 年 2 月 28 日股价真正开始突破 240 日均线，同时打出四周期连续四个。交易日把股价打在 240 日均线的上方，并继续上升，然后在 2013 年 3 月 21 日主力在这种情况之下打出了一个涨停板的金叉。20 日均线和 240 日均线极值趋势战法成立，同时它是从一种常见的形式表现出来的，代表了在后期它的一个上涨有可能是比较剧烈的。2013 年 3 月 31 日以后，股价就开始呈现出了一个加速上涨的态势。在 2013 年 4 月 9 日、10 日、11 日和 12 日四天的时间里股价开始出现类似于对称反弹战法的那种下跌方式，但是并没有出现横盘 3~4 天，而是在 2013 年 10 月 15 日股价企稳。接下来威华股份在 2013 年 4 月 15 日开始出现了 14 个涨停板的一个态势，股价直接从 11 月 4 日的 5.25 元飙升到 17.81 元。这个过程我们发现两点：第一点，这个涨停是 240 日均线的极值涨停法，因为不提前就买不到。第二点，如果说 20 日均线和 240 日均线之间的这个金叉使用涨停板的形式打出，那么后期我们可以判断这只股票将会出现非常强劲的一字板走势，威华股份就是这么一个特例，所以我们再去分析 20 日均线和 240 日均线极值战法的时候要特别注意打金叉的那个时间点是用涨停还是一般的上冲。

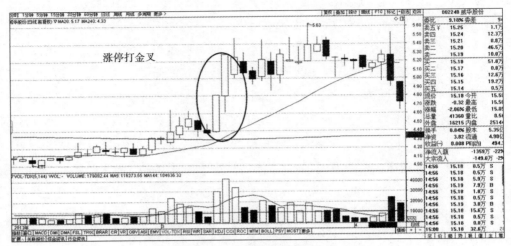

图 5-39　威华股份涨停打金叉

● 课后作业

对威华股份涨停打金叉有何重要的启发？

第十节　梭子功——量子高科

量子高科的上涨特点：股价在 20 日均线和 240 日均线之间的距离越来越短，最后形成一个类似于梭子的形态，然后 20 日均线和 240 日均线金叉，行情开始发动。

北京学员张阿姨：老师你好，能不能举一个创业板股票的例子来说明极值趋势战法？

老师解答：张阿姨你好，我就举量子高科这个股票来分析和学习。

● 关键

镶边运动。

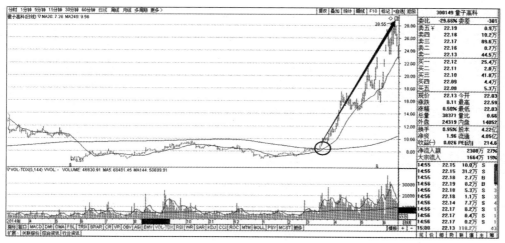

图 5-40　量子高科日 K 线

　　我们来看一下，2013 年年底一只股票量子高科。这只股票是在 2013 年年底才爆发出一波比较强劲的上涨态势。我们用极值趋势战法进行分析，我们看到量子高科最高从 49.9 元开始一路下跌，一直跌到 2012 年的 4 月份第一次突破了 240 日均线达到 13.68 元。随后又开始出现一个除权的行情，股价第一次最低达到 2012 年 5 月 28 日的 7.11 元。随后股价开始进行比较弱势的反弹。这个股价经过 2012 年下半年的反弹以后仍然进行趋势性的回落，一直都没有到达 240 日线的上方，最低又再次达到 2012 年 12 月 4 日的 5.77 元。随后股价就开始以一波更加微弱更加慢的速度在继续反弹，距 240 日均线的目标越来越近，但是仍然没有突破。这种在我们的系统中，我们叫做镶边的战法。这个镶边的战法最后的结果往往是会出现一次继续大的暴跌，打出一个比较大的缺口和空间，最后，股价再出现一个向上的动能。在量子高科这里，我们可以看到股价在老早就出现了站在 20 日均线上方的一个行为，其最早是在 2012 年的 12 月 10 日。然后在 2012 年 12 月 14 日就出现了站在 240 日均线以上的一种行为。但是股价走的比较弱，一直处于横盘震荡整理的状态，最高达到 8.20 元的时候出现了一个放量，然后股价一直都在进行往下盘整震荡回落，在 2013 年的 6 月份开始出现一次和市场一起的下跌行为。这次下跌可以讲就是一个非常关键的时间。因为这次下跌达到了两个目的：第一个目的就是要击穿前面第一个新低点，第二个目的就是产生动能，准备股价进行 20 日均线和 240 日均线之间的一个金叉行为。在达到 5.63 元最低价以后股价又再次首先穿进去的是 20 日均线。到了 20 日均线以后，这个时候技术上面就比较容易能够形成一个下冲产生角度，然后回钩。这个时候能量比前期要大。那么我们可以看到在 2013 年的 8 月 8 日，周四，股价已经摸到了 240 日均线，这是一件非常不容易的事情。摸到了 240 日均线以后又开始进行一个镶边运动，就是股价围绕着 240 日均线进行模盘整震荡和整理，而 20 日均线和 240 日均线之间的这个差值越来越小，同时我们可以看到这里面出现了一个尖尖的比较长比较扁的一个空间，为后期 20 日均线和 240 日均线之间的成功金叉产生非常好的条件和有利的基础。在 2013 年的 9 月 3 日股价上涨 3.94%。最高涨到 7.62 元，用一个比较标准的阳 K 线有效突破 20 日均线和 240 日均线。2013 年的 9 月 4 日，虽然股价有一个回落，但是，量子高科 20 日均线和 240 日均线已经形成成功金叉。金叉成功只是表现为一个阴 K 线的纺锤线。那么阴 K 线的纺锤线也预示着未来的行情有可能会出现一个纠缠战法当中的跷跷板行为。简而言之，9 月 4 日最低价 7.21 元极有可能还会到达，所以要时刻关注着 240 日均线的运动。果不其然，在 2013 年 9 月 11 日，股价就通过连续两天下跌，最低跌到 7.07 元，当时 240 日均线的价格是 7.15 元。至此，这是成功的第一次回调到 240 日均线的下方，这个时候就是我们讲的纠缠战法当中的跷跷板的技术要领，量子高科获得 240 日均线支撑以后又开始了 3 个星期的上涨。

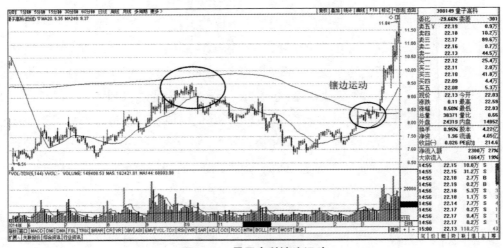

图 5-41　量子高科镶边运动

后期我们看到股价又再一次的推高到 20 日均线的上方最高达到 8.10 元。2013 年 10 月 21 日最高价 8.10 元。随后股价又再次回落，这是它第二次到达

240 日均线的下方。但是它到了最低价 6.89 元以后又回抽到 240 均线的上方。在后期我们可以不断地看到这样的动作。在 240 日均线以下似乎有很强的支撑，尾盘收盘都很快速地收涨到 240 日均线以上。这说明了 240 日均线确确实实有非常强大的支撑，到这个价格就反弹。在 2013 年 11 月 8 日股价再次来到 240 日均线附近，但是我们清晰地看到收盘价是 7.10 元，240 日均线是 7.9 元，它仍然可以表述为股价收在 240 日均线的上方。虽然盘中破 240 日均线，但是它仍然能够达到 240 日均线上方说明强度依旧。同时 20 日均线也没有和 240 日均线进行死叉的行为。

图 5-42　量子高科涨停打金叉

　　2013 年 11 月 11 日股价上涨 2.68%。这一次股价开始了一波真正意义上的暴涨行情。股价从最低 7 元左右的价格一路上涨。其中在 2013 年经历了一个 11 月 19 日的涨停板以后就一直上涨开始出现大幅度的拉升。240 日均线与 20 日均线之间的距离变得越来越大，喇叭口张开。最终的高点达到 2013 年 12 月 25 日的 17.5 元。量子高科操作结束。我们可以看到整个过程。我们比较关心的是金叉的行为，金叉在量子高科里面，我们看到在 2013 年这样一种行情之它仍然保持着相对应的一个强势。为什么说相对应的一个强势，因为它在这里第一次能够在 2013 年 8 月 3 日进行着一个金叉行为。虽然第二天用了一个阴 K 的纺锤线做了一个结，但是基本上在 240 日均线的上方一直都能够保持着股票的强势运作。所以在 2013 年 10 月份到 2013 年 11 月份两次碰到 240 日均线都没有能够再次收盘收在 240 日均线的下方。足可以看到这只股票的强度。股价在短短两个月左右的时间进行了接近三倍的涨幅，主力炒作这只股票结束。最后我们对量子高科进行一个总结。这里面出现了几个要点：第一个要点仍然是极值趋势战法当中讲究右边又长又尖的在 20 日均线和 240 日均线交叉之前那种状态。第二个要点，如果说一只股票一直处于一个下降通道中，那么它在进行最后一次下降以后，要在 240 日均线和 20 日均线之间形成金叉之前，它做出的一种状态就是镶边运动。什么叫镶边战法和运动呢？就是在 240 日均线与 20 日均线的掩护之下，与 240 日均线均线粘连的一种行情，但是不会在 240 日均线上方。而是持续的时间很长，就像量子高科，镶边持续的时间非常长，最后它们免不了再创一个新低，完成最终的一个下降趋势的末端结构，上面看仍然是一个完完整整的下降通道。但是这个不影响它的一个金叉行为。因为它只有打出一个新低，挖出一个巨大的一个空间，多空才会产生真正的力量变化，镂空以后才能产生一次真正意义上的又扁又长又尖的结构。20 日均线与 240 日均线之间可能会产生一个成功金叉，这也是下降极值趋势战法的一个条件和基础。

● **课后作业**

何为镶边？

第十一节 钩心望月看远方——三七互娱

图 5-43 三七互娱日 K 线

三七互娱的上涨特点：股价以高开的方式突破240日均线，然后高开低走，最低打到20日均线附近，然后股价横盘，稳定在240日均线的上方，以这种方式来实现20日均线和240日均线的金叉，最后行情发动。

青岛学员谢帅：老师你好，想跟你学二象理论，特别是极值趋势战法，我非常感兴趣。

老师解答：谢帅你好，今天给你讲解三七互娱，它有10倍的涨幅，你要用心学。

● **关键**

①扁平尖的剪刀。

②如何进行进货和补仓。

我们来看三七互娱这只股票，在2013年它表现的强劲度是非常大的。在2013年的11月份它连续一字板上涨九个涨停，最终收的最高价是在126.47元，这个价格是在2015年的5月，可见在2013年它的行情就已经表现出一个大涨的趋势。2013年的三七互娱从开盘以后一直呈现着下跌，从2011年3月份上市以后就一直出现下跌的一个态势，最低达到2012年8月9.42元的价格之后一直处于横盘状态，我们发现三七互娱并没和240日均线几线之间进行镶边运动，也没有尝试过去击穿或者突破240日线。而是用横盘震荡整理的态势来代替了其他行为。经历了长时间的横盘以后，三七互娱这只股票很特殊，它特殊在其金叉是围绕着20日均线做的是水平运动，不脱离20日均线，也形成不了比较大的真空

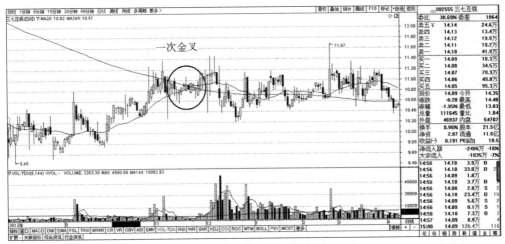

图5-44 三七互娱一次金叉

区，不管是上涨，不管是下跌，这个趋势一直到 2012 年 11 月 22 日开始出现第一次金叉的时候。这个已经注定了是无力的，因为在极值趋势战法当中，这样的一种上涨，这样的一种剪刀差是无力的。它必然要经历再次剪刀差的过程，而这个也不满足我们所讲的又平又尖右边一个金叉的状态，那么我们看到第一次金叉以后三七互娱并没有表现出一个非常强势的马上上涨的态势，而是出现了一个震荡横盘整理的状态，从这里我们可以看得到纠缠战法的影子，但是仍然没有改变它横盘的一个趋势和特征。

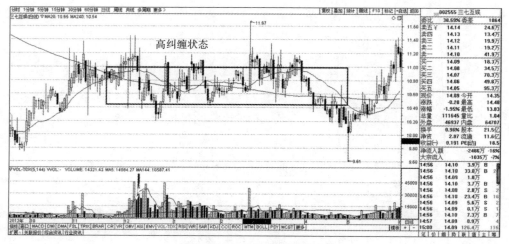

图 5-45　三七互娱纠缠状态

　　三七互娱在 2013 年 2 月 26 日金叉以后出现了 11.67 元的最高价格以后再次回落到 240 日均线的下方，进行了一个 20 日均线和 240 日均线的死叉。我们在前期讲过纠缠战法当中的跷跷板行为一般是不会发生 20 日均线和 240 日均线之间死叉的。而在 2012 年的 11 月份发生金叉以后，2013 年 1 月初再次发生 20 日均线和 240 日均线之间的死叉行为也注定并说明这个地方不可能形成纠缠战法的跷跷板战法。它还会进行一次比较有效的下跌和盘整。果不其然 240 日进行反复纠缠和震荡之后再次在 2013 年 4 月 25 日发生了死叉，价格再次击穿 240 日均线。

　　在这个过程当中，我们看到股价表现出来的特征就是震荡横盘整理，我们最后发现在 2013 年 6 月 25 日达到新低 9.31 元的时候，股价就已经表现出和前几次不一样的特征，走得相当平相当缓和。同时，在突破 240 日均线以后也并没有表现出非常强的一定要突破 240 日均线的意愿，而是表现出比较慢的一种状态，躲在了 240 日均线后，和 2013 年 5 月 10 日到 5 月 17 日的状态是完全不一样的。因为在 5 月三七互娱经历过一次金叉，金叉之前 K 线走出的都是实体很小的纺锤线。金叉前面的剪刀比较短，根本没有办法维持正常的极值趋势战法要求的一个条件，后面下跌、死叉、最低达到 9.31 元的所有结果都证实了方法的正确。最后一波上涨，它上涨保持的状态，很显然和前面几次是不一样的，2013 年 7 月 16 日它呈现一个高开低走的态势，股价上涨以后它并不急于拉升，而是出现了接近十多天的时间在 20 日均线与 240 日均线之间进行匍匐震荡横盘整理的状态，

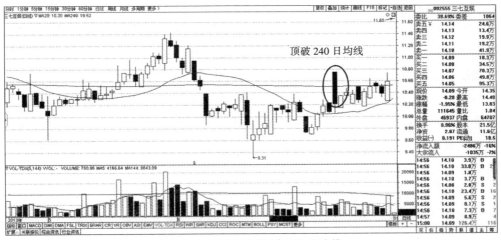

图 5-46 三七互娱突破 240 日均线

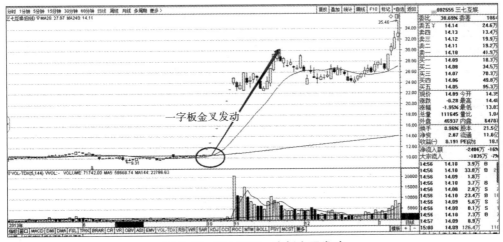

图 5-47 三七互娱一字板金叉发动

当然三七互娱最大的难点就在于 2013 年 10 月 10 日突然之间的一个一字板，让你没有办法去看到它金叉的那一刻。看到金叉的时候，它已经开始属于第三个一字涨停板之中。但是买不进，可见三七互娱在 2013 年的 20 日均线和 240 日均线在金叉之前出现的结构非常不明显。只有你在前方进行积极的布局，才有可能发现在 2013 年 7 月这只股票就开始出现了金叉前的又平又尖又长的一个剪刀差的行为。进行布局，而且不一定布满我们传统意义上讲的仓位控制。先在这个位置进行布局，然后出现金叉向 240 日均线和 20 日均线进行确认，但是这个位置可能你确认的时候已经买不到了。所以三七互娱只有提前布局才能够真正地买到股价从金叉前的 10.61 元一下子涨到 2013 年 11 月 21 日的最高价 30.3 元的股票，这验证了我们 3 倍收益的存在。但同时这个过程做得相当微弱，也就提醒了我们以后再做要分三步走到四步走的策略。三步走的策略就是：第一波，你在它出现横盘震荡整理的态势之前，就要进一步布局完；第二波，在它出现金叉的时候要进行加仓；第三波，如果出现纠缠战法中跷跷板战法，同时要在 240 日线附近进行布局和补仓，完全准备之后才有可能把所有的资金都打进去，最后也能成就 3 倍的收益。如果没有打进后面两笔资金，那么前面第一笔资金应该是能够买到这种突然之间的一个一字板，这种情况我们在中纺投资里面有发生过类似的。

● **课后作业**

像三七互娱这种高纠缠的股票为何会出现这种一字板的金叉状态？如何在后期的行情中把握这种机会？

第十二节 横 8 走势——中环装备

中环装备的上涨特点：股价在突破 240 日均线以后出现连续 8 天的时间在 240 日均线和 20 日均线上方，最后实现 240 日均线和 20 日均线之间的金叉，行情发动。

深圳网名为"完美世界"的学员问：老师你好，中环股份我用 22.5 元的成本买，涨到 24.3 元我就跑了，老师为何中环股份后期能涨到 56 元呀？麻烦分析一下。

老师解答："完美世界"你好，你买到的股票其实是一只好股票，但是好股票如果没有一个好的思路和方法的话我们只能赚到蝇头小利，没有办法赚取大的收益。

● 关键

①跷跷板行为。

②240 日均线的回踩是最后的进场机会。

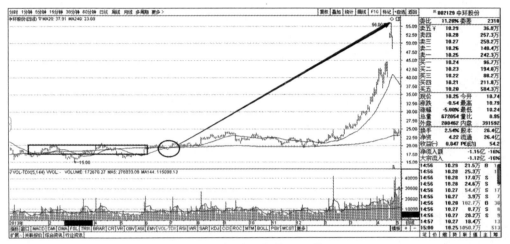

图 5-48　中环股份日 K 线

我们继续来看中环装备这只股票，是在 2010 年上市的，这只股票上市以后一直进行着回落。回落到了 2013 年，也就是说它经历了差不多有 4 年的时

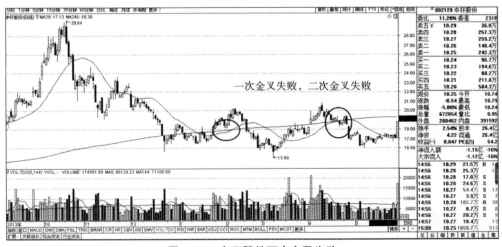

图 5-49　中环股份两次金叉失败

间，股价最低达到的价格是在 2012 年 12 月 4 日的 8.47 元。达到这个价格以后出现了一波比较强劲的反弹，这波强劲的反弹最高的时候达到了 11.57 元。我们从这一个波段进行一下分析。第一波，在 2012 年的时候股价快速上涨拉升 2.53%。

一个收盘打到 2.53%，盘中一开始景涨八个点左右，这符合我们 20 日均线战法当中的一个突破，突破完以后在 2012 年 12 月 14 日股价高开，回探到 20 日均线进行一个确认。在同位性战法中，我们清晰地知道这是一个非常关键的时间点，中环装备在 2013 年 2 月 25 日股价出现了一次往 240 日均线上方进行一个跳空的过程，当天大涨 5.21%，随后股价开始回落。它第一波上涨的时候表现出来的趋势还是不错的，只是它并没有能够达到一次启动的目标，金叉完以后 2013 年 4 月份便开始了再次死叉，同时股价开始进行微弱的盘整态势。我们在这里可以看到股价在上穿了 240 日均线以后又再次回落到 240 日均线。并且出现 20 日均线和 240 日均线之间的一个死叉，这个行情我们可以确定要发生第二波的上涨才能够成为一个比较完美的一个状态，同时我们可以看到，在 2013 年 10 月，又发生了 20 日均线上穿 240 日均线的一个准备过程，且最后上穿成功。但是最高股价到 2013 年 5 月 28 日以后再次出现了一个回落，我们讲过这样的一个趋势性的小剪刀，是不能构成它实现一个金叉行为的要求和特征的。果不其然，中环装备经历了一次上涨后开始再次出现一个强点并应声而落。在 6 月 5 日的时候股价

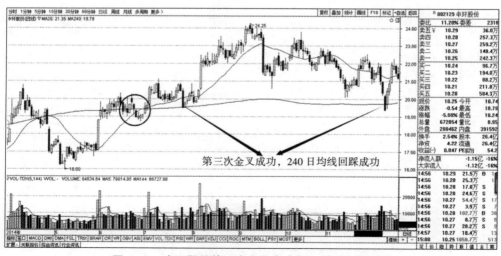

图 5-50　中环股份第三次金叉成功和 240 日均线回踩

击穿 20 日均线，在 6 月 21 日的时候股价再次击穿 240 日均线。这次击穿完成以后，我们可以发现最低的价格它达到 2013 年 6 月 25 日的 8.89 元。在同位性战法中，我们前面看到过类似的情况。同位性战法中在 2012 年 12 月 13 日它最低达到了 19.25 元，后期在最低又再次回到 9.25 元的附近，完全是一个建仓和布局。也就是说，这个过程当中我们清晰地放到股价再次出现了一个死叉的过程以后，在 2013 年 7 月份便开始再次突破 20 日均线，同时成功地站在 240 日均线上方，那是发生在 2013 年 7 月 22 日。这个时候股价为什么不会像前面再次发生一次下跌呢？因为这个时候的上涨要比 2013 年 5 月上涨好多，为什么说在这个时候上涨好多，因为它经历了前面两次金叉过程。很明显，它第三次金叉是再也不会发生了。这个我们在前期趋势战法当中也讲到过，对称反弹战法以后出现了一个金叉成功，但是接下来股价再次往下洗盘，再一次进行洗盘并再次涨起来以后股价是不会再出现一个强势洗盘的。所以在 2013 年 8 月份出现了一个再次金叉，股价在 20 日均线上方的运动的时间和 240 日均线上方运动的时间，显然经历了一个多月的时间。这次也并没有出现在 240 日均线回踩的一个动作，也就是说纠缠战法当中的跷跷板行为不会再出现。

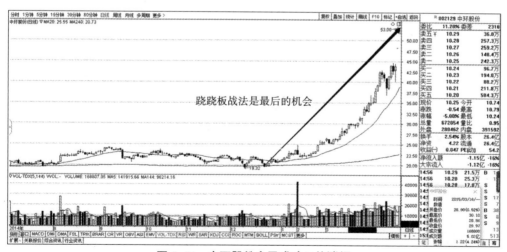

图 5-51　中环股份金叉成功 3 倍涨幅

● 课后作业

①如何来看懂中环股份上面的跷跷板行为？

②如何利用跷跷板行为进行进场？

第十三节　粘打功——游族网络

游族网络的上涨特点：股价的 20 日均线和 240 日均线之间纠缠在一起，持续时间在 1 年以上，最后股价进行 20 日均线和 240 日均线之间的金叉，行情开始发动。

陕西西安的重先生问：老师你好，我是您的老学员，我想问一下在游族网络这个股票上是否算是极值趋势战法中的一个案例？

老师解答：重先生你好，游族网络确实是 20 日均线和 240 日均线极值趋势战法的典型案例。

● 关键

跷跷板行为。

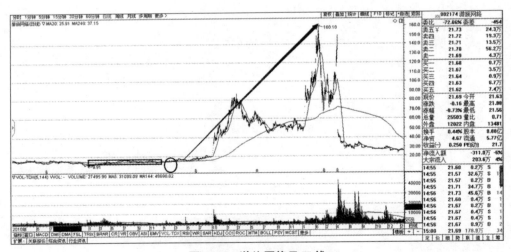

图 5-52　游族网络日 K 线

我们继续看，事实上，游族网络和三七互娱的情况有相似之处，其在 20 日均线和 240 日均线之间的纠缠可谓是历史罕见，游族网络最高的时候是在 2007年，当时最高价 12.73 元。然后回落，跌到最低价 3.68 元的时候是 2008 年股灾之际，以后开始一波正式的上涨，同时游族网络在 2009 年 3 月份的时候就表现出了剪刀差且是 20 日均线和 240 日均线线之间的金叉。但是在后面长达三年之久的时间里。游族网络并没有表现出非常强劲的上涨，一直都处于震荡横盘和整理的一种状态，所以这是属于 20 日均线和 240 日均线之间一种非常特殊的关系。我们看不到在这里比较明显的 20 日均线上穿 240 日均线以后形成一个镂底再去往上去突破 240 日均线形成一个金叉，相反，在这一个区间内，240 日均线 20 日均线。在长达三年之久的时间里，在金叉死叉、死叉金叉的一个过程当中反反复复进行纠缠。最后我们发现在 2012 年的 4 月份开始再次发生金叉，再次进行了纠缠，但是股价仍然并没有出现一个非常强劲的发动，如图 5-53 所示。

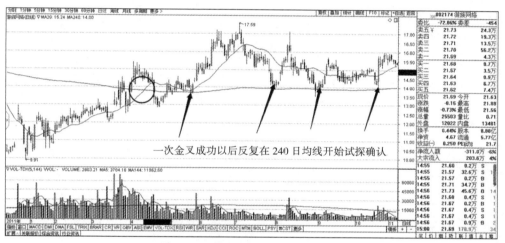

图 5-53　游族网络 240 日均线支撑

这和前期的表现也没有多大的差异。只是在 2012 年 4 月份以后表现出来一个特征，就是 20 日均线再也不和 240 日均线之间进行死叉，不像在 2010 年到 2011 年的那个行情当中它表现出来的比较长时间的一个震荡和金死叉行为。我们看在 2012 年的 4 月 17 日这个时候股价开始出现了一个金叉，金叉完以后游族网络立马又再次进行一个纠缠战法当中的跷跷板战法。股价回到 240 日均线，然后再从 240 日均线起来完成一个跷跷板的运动，如图 5-54 所示。最后股价贴着 240 日均线但是并没有再次回落到 240 日均线下方，且都呈现触底反弹的态势。这样可以保证和达到它的目的，即 20 日均线不发生和 240 日均线之间的一个死叉行为，股价应声上涨。这个也就说明了像游族网络和三七互娱这种股票，假如说 20 日均线和 240 日均线间进行金叉以后长时间得不到发动，那么这个时候我

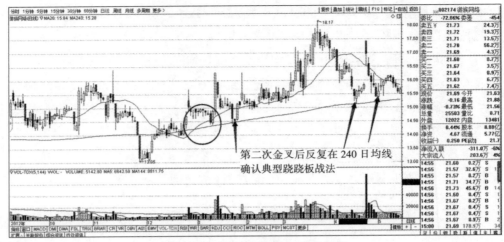

图 5-54　游族网络 240 日均线支撑

们必须要做好准备迎接它再一次发生死叉的过程，而这次死叉将是 240 日均线和
20 日均线之间一个金叉完以后在 240 日均线以上进行的一个触底反弹。通过这
样一种方式来达到剪刀差的一个目的。因为高纠缠的状态和均线往往预示着这个
股票有重大的利好到后期会兑现，所以这个时候让股价做出一个比较好的一个态
势不可能的。纠缠在一起这个时候我们可以看到游族网络在这个金叉完以后再次
发生金死叉的那一刻。我们看一下是什么时候。股价在 2012 年 12 月 13 日的游
族网络再次发生死叉，这一个死叉是 20 日均线和 240 日均线之间经历了一个较

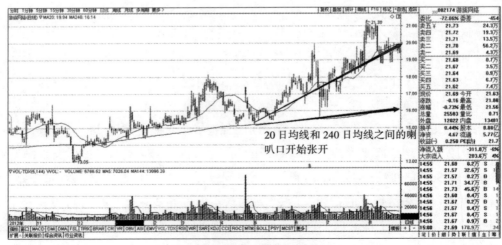

图 5-55　游族网络喇叭口张开

长时间的过程以后才建立的一个在上方位的死叉行为。这个我们曾经在极值战法里面讲到过，股价一直处于 240 日均线上方，突然之间把价格打到 240 日均线下放，然后一个跳空站在 240 日均线上方，那一个开盘便可以直接把单打进去，就能获得上面 5%~10% 的一个差价的收益。这个游族网络的这种与极值战法具有同样的一个道理，在上方它经历了一个金叉以后按道理是不会再次出现死叉的。但是这种死叉是发动型的，应该说在它的后面非常清晰地表现出来。到了 240 日线，它马上出现一个死叉，死叉出现完以后又在非常短的时间内出现金叉。在 2012 年的 12 月 31 日又再次出现金叉，这个金叉和我们以前讲的短剪刀的金叉是不一样的，短剪刀的金叉经历的时间不够长，但是这种短剪刀式的金叉应该说是一种发动型的时间窗口，到 2013 年金叉出现了以后在 240 日均线的这个位置又再次发生纠缠战法的跷跷板战法。其中 2013 年 1 月 14 日股价最低达到 14.3 元，240 日均线最低是 14.34 元。在 2013 年 1 月 25 日股价最低达到 14.38 元，240 日均线的最低价格是 14.47 元。最后在游族网络行情发动之前，股价在 2013 年的 4 月 16 日达到过最低价 15.13 元。2013 年的 5 月 2 日股价最后再低到 15.19 元。240 日均线的价格是 15.21 元。这几次股价变动过程当中并没有发生股价击穿 240 日均线的情况，同时 240 日均线牢牢地站在了 20 日均线的下方，且并没有出现死叉的机会，可以说这个时候才是真正意义上行情要大发动的开始，我们再去做布局的时候，通常在这些位置可以做一个战略性的布局。这个时候同时也是非常精准的时间交易窗口。然后股价再次经历向上，我们讲过这种向上是可以不回头的，也不可能再进行回调。果不其然在 2013 年的 8 月开始停牌，然后游族网络一口气从 19.87 元一下子涨到 2014 年 2 月 27 日的高价 86.87 元。我们通过这个时间的倍数来找一个时间节点，这个节点应该是 2012 年的 12 月 4 日，其股价是 14.32 元。14.32 元涨到 86.87 元涨幅高达 6 倍之巨，而游族网络它最后的最高点，达到 2015 年 6 月 12 日的 160 元。也就是说这只股票如果把它放得时间更长，将会有 10 倍的时候，那么这个 10 倍的收益从哪里来？就是在极值战法当中的一个纠缠时间特别长，纠缠的时间如果我们从 2009 年开始进行计算，这个时间要有 4 年之巨。同时印证了一句话，"横有多长竖有多高"，产生 10 倍的时候必须要经历 10 年以上的横盘，从游族网络可见一斑。

图 5-56　游族网络 3 倍发动

● 课后作业

是什么规律导致游族网络 10 倍收益成为了现实？

第十四节　短翘功——信威集团

信威集团的上涨特点：股价在 20 日均线和 240 日均线之间出现一个月左右的时间以小阳线的方式上涨，并且在突破 240 日均线以后并没有出现回落，而是继续上涨，股价与 240 日均线之间出现很大的空隙，然后股价再次回到 20 日均线以后行情开始发动。

杭州吴小姐问：老师你好，我是刚进入股市的新手，我要每天上班，平时没有时间看股票，想买一只股票一直放在那里，老师能不能介绍一种长线持股的方法？

老师解答：吴小姐你好，很多新股民跟你一样都是上班族，平时没有时间看股票，我给你讲解极值趋势战法，可以让你在工作的同时炒好股票。

● 关键

3 倍收益。

我们再来看一个叫信威集团 600485 在 2013 年的表现，在那一年经历了十二

图 5-57 信威集团日 K 线

个涨停板，通过信威集团，我们看一下如何去运用极值趋势战法进行分析。这只股票我们可以看到它基本上呈现出来一个大箱体震荡的态势，从 2004 年的时候达到 31 元附近的一个高点，然后进行回落，回落完以后又从 2005 年到 2012 年经历 7 年的时间做出了一个倒锅底的状态，这是一个宽幅振荡的表现。

股价来到 2013 年的时候，一直处于 20 日均线上 240 日均线下，达到 2012 年年底的时候股价开始反弹，这波反弹对它后期的影响是至关重要的。股价在 2012 年 12 月 10 日开始突破 20 日均线，然后在 20 日均线上方经历了对称反弹

图 5-58 信威集团金叉成功

战法、同位性战法，同时也经历了中心位战法，之后一波最后达到 2013 的 3 月
6 日的盘中最高价 8.28 元，且摸到了 240 日均线，现在这个价格随后开始回落。
当然回落的时候，我们也异常清晰地明白它所能回落到的价格，我们曾经在同位
性战法的趋势战法中讲过 2013 年 1 月 14 日和 1 月 15 日的这样一种表现。我们
把同位性战法中的一个价格定在 2013 年 1 月 14 日的最低价 7.09 元，这个位置
应该是一个阶段性的支撑。股价达到了 2013 年 3 月 6 日的最高价以后，2013 年
4 月 16 日达到 6.86 元，这个价格达到后开始呈现出，剪刀行为，这也是最后一
步要上涨之前的态势。240 日均线和 20 日均线之间要进行金叉了，因为在这之
前并没有出现过真正的金叉，这个游族网络和三七互娱不一样，它是属于之前从
来都没有金叉过的一种金叉状态，不像游族网络，它一直是属于一个高纠缠的态
势，高纠缠就是 20 日均线一直处于 240 日均线的上方，同时和 240 日均线经历
三到六次的金死叉。信威集团并没有出现高纠缠，它开始第一次金叉这个过程是
在出现在 2013 年 5 月 22 日。当时的这个情况，应该说是股价突破 20 日均线又
突破 240 日均线最后把价格在 240 日均线以上维持六天产生的一个必然的现象。
所以我们在后期的四周期线的四周期战中也曾经讲到过股价在 20 日均线之上，
如果说能维持 4 天，它必然会是一个趋势性的，不是一日反弹。所以在 2013 年
5 月 24 日股价出现涨停，2013 年 5 月 27 日股价再次最高达到 9.59，成功地把
20 日均线和 240 日均线一个金叉做完，成交量放出历史性的天量。随后股价开

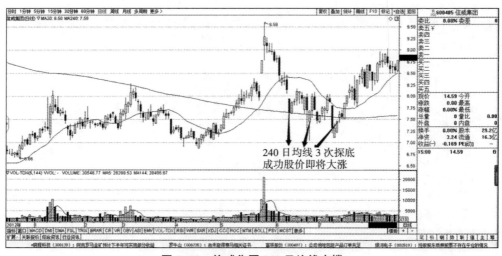

图 5-59　信威集团 240 日均线支撑

始回落，因为这是必然的回落。我们在纠缠战法中第一要义就是纠缠以后是一个蝴蝶结，通常我们也认为是跷跷板。240日均线是它未来一段时间内所必需的。果不其然，2013年6月13日股价来到240日均线，最低达到7.40元，以后开始获得支撑。在2013年6月25日股价再次在240日均线位置获得支撑。在2013年7月8日股价再次在240日均线的价格上获取支撑。同时我们也发现类似中心位战法。随后股价真正意义上开始一波拉升，在这个过程当中，我们发现，虽然股价在240日均线获得了支撑，但是和20日均线并没有出现死叉行为，而是呈现出20日均线和240日均线之间的收口越来越小、空间越来越窄，但是它还没有突破。根据我们的极值趋势战法而言，这样的一个短波不可能再出现。20日均线和240日均线之间进行死叉，死叉好以后再进行金叉的机会的存在，所以必须立刻要对信威集团进行参会的布局和交易。在2013年7月15日，股价同时击穿两根线，一根是240日均线，一根是20日均线，即将上演这波上涨行情。果然，从2013年7月15日以后股价再次没有达到240日线，也没有回落到20日均线的下方。最后一次回落是在2013年的8月16日，而就再在2013年8月16日那一次回落以后，股价开始一字涨停板，出现了12个涨停板的一种极端现象。我们看到趋势极值战法表现出淋漓尽致的一个暴发性的行情。我们在前方也看到，2013年的8月16日，这是我们所熟悉的一种中心位战法一个阴K干掉多个阳K和小平台的中心位，这是主力用来洗仓的一种方法，但也是主力进行最后一次洗仓的目的。随后2013年9月27日开始，十二个涨停板将会发生表演，行情

图 5-60 信威集团 240 日均线支撑

也出现一波爆发性的上涨，我们来进行计算，在这个金叉的时候股价是 2013 年
5 月 22 日的价格 8.10 元，然后在 2013 年 10 月 21 日最高价格达到 26.53 元，整
整翻了 3 倍之巨。

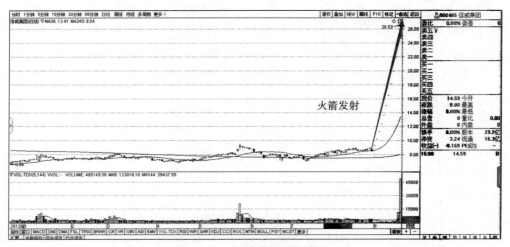

图 5-61　信威集团 3 倍涨幅

所以我们如果说要做到一个大牛票必须要有相当大的格局，才能够掌握住这
样一种趋势和收益。当然信威集团最后又创出了 68 元的新高，但后期是由于
2015 年的一个爆发性的行情，在这之前 2013 年的一个上涨，明显地表示了极值
趋势战法的意义和价值。

● **课后作业**

如何操作才能达到 3 倍收益？

第十五节　三次吊环——银之杰

银之杰的上涨特点：股价三次突破 240 日均线都没有结果，最后一次出现
20 日均线和 240 日均线金叉以后行情开始发动。

一位粉丝问：老师你好，我一直关注你的课程，想问老师的是我年纪比较
大，能不能学好象龙交易体系？

老师解答：你好，我们的学员的年龄分布在各个阶段，相信只要坚持听课完全可以掌握老师的方法。

● 关键词

13 倍收益。

图 5-62　银之杰日 K 线

我们一起来看一只股票，这只股票叫银之杰。这只股票在 2013 年的整个年度表现当中还是非常不错的，从最低的 4.65 元涨到最高的 31.5 元，翻了接近 5 倍多的收益。这只股票从极值趋势战法来进行分析，我们可以看到银之杰自从

图 5-63　银之杰 240 日均线试探

2010年5月份上市以后，就开始了一波向下的运行趋势。在这个探底的过程当中，它是以除权的形式进行着横盘震荡整理向下的过程。从2012年4月份银之杰便开始一波缓慢上升的过程，试图和240日均线线进行一个金叉。我们在前期讲过这样的金叉是无力的，这样的金叉是属于镶边运动，所以不管是能够突破240日均线还是不能够突破240日均线，都会有一波继续杀跌的过程，通常表现为整体的箱体下轨会被突破进行挖坑。银之杰在2012年9月13日最高触摸到9.69元以后股价便开始一路向下的过程。当然，我们在整个上涨的一波趋势当中，可以通过同位性战法观察到，从2012年6月7日到2012年6月11日，股价从最低的8.20元涨到最高的9.93元。那么至少一个价格在我们脑子里面浮现，也就是8.20元，即一个同位性战法中的最低价，这个价格将会在后期起到非常强大的支撑作用，在死叉上我们可以通过不同的站法来发现这一个价格的技术弹性。果不其然，银之杰在2012年9月份以后开始击穿20日均线出现一波向下的过程，最低把这个价格杀到2012年12月4日6.45元的位置，同时把前方的平台突破，突破了以后从最低价迅速开始上升。

图5-64　银之杰20日均线下反弓弯

图 5-65 银之杰 240 日均线突破

　　这个时候我们发现一个细节的问题，这个地方它出现了比较极端的行情。第一个极端是在 2012 年 12 月 14 日突破 20 日均线，然后在 20 日均线上出现了一个四周期线的四周期战法，我们简称为上访，这个出现了以后，从 2012 年 12 月 21 日到 2012 年 12 月 25 日出现最高达到 8.96 元的价格。240 日均线的价格是 8.60 元，也就是说，在短短 8 个交易日之内就变成从 20 日均线的突破一下子突破了 240 日均线，8 天之内突破了两条重要的线。这个过程我们不得不引起重视，同时这也是试摸并突破 240 日均线的第一次。随后开始拉进 20 日均线和 240 日均线之间的一个距离，那么这个时候我们可以想象后期长扁尖的剪刀便会出现。我们可以看到在 2013 年 4 月 16 日股价正式突破 240 日均线，同时在 2013 年 4 月 17 日股价高开，彻底到 240 日均线以后开始反弹，240 日均线的价格是 8.26 元，当日股价最低价格是 8.22 元。从此便开始了股价一路上扬的过程，20 日均线和 240 日均线金叉的时间是在 2013 年的 5 月 3 日，收盘价是 9.52 元。这个时候在均线上面表现出非常强劲的剪刀差，金叉成功极值趋势战法成功。从此银之杰再也没有开始出现回落。240 日均线与 20 日均线出现喇叭口，股价围绕着 20 日均线进行稳步的上推，最高把价格做到 31.5 元，时间是 2014 年的 1 月 16 日。从它前方金叉的位置进行计算，这个涨幅达到 3 倍之多，趋势极值战法成立。

图 5-66　银之杰剪刀差

那么我们再回过头来看这一个波段的同性战法，我们可以选取 2012 年 12 月 21 日的一个最低价 7.14 元。同时可以选择 12 月 24 日形成的最高价 8.45 元，那么在这个过程当中，在后期股价一定会在 7.14~8.45 元再次进行窄幅震荡。这一波我们从技术上面来看可以把它理解为对称反弹战法。

图 5-67　银之杰一路上涨头也不回

● 课后作业

如何理解 20 日均线下的反弓弯？

第十六节 一剪刀剪出 10 倍收益——福瑞股份

福瑞股份的上涨特点：股价围绕着 20 日均线上涨，但并不回落下来，经历 2 个月的时间越来越接近 240 日均线，在形态上形成一把剪刀的状态。

老学员管阿姨问：老师你好，我以前一直做短线，赚少赔多，老师我想学一些中长线持有股票的方法？

老师解答：你好管阿姨，短线一定要做好止损止盈，如果控制不好会有损失，长线是非常不错的选择。

● **关键**

金叉在极值趋势战法中的运用。

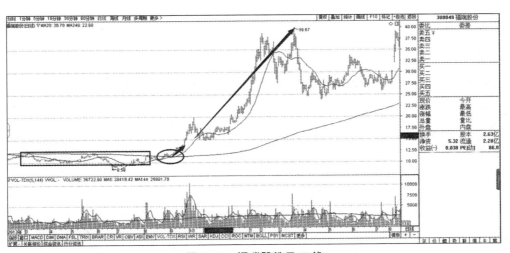

图 5-68 福瑞股份日 K 线

我们看最后一只 2013 年的股票福瑞股份，福瑞股份同样也是从 2010 年创业板上市，当年最高价涨到 40.60 元。经历了两年的回调，在 2012 年 1 月份开始触底反弹，股价第一次打破 240 日均线的时候是在 2012 年 5 月 25 日。真正第一次出现 20 均线和 240 日均线金叉的时间是 2012 年的 7 月 20 日。我们曾经讲过这个技术的第一次剪刀是不足以进行拉伸的，后期必将经历横盘和震荡的一个走势。但是，我们从这第一波段的趋势当中，发现股价他第一次出现金叉以后还是出现了一个顺势的上涨。2012 年 9 月 11 日达到最高价 14.65 元以后开始回落，在整个上涨波段当中，我们根据同位性战法中战法选取 2012 年 2 月22 日那天的 K 线，也是最高上涨 7.37% 的一天，那天的最低价格在 11.13 元，那么我们选取的同位性战法中价格的最低价应该是在 11 元附近。接下来就是一整个继续回落的过程。2012 年 8 月 12 日以后股价开始回落。2012 年 11 月 22日股价开始出现 20 日均线和 240 日均线金叉，随后股价再次反弹到 240 日均线

图 5-69　福瑞尝试金叉未果

图 5-70　福瑞股份金叉成功

的上方，最高达 13.1 元，那么这个时间我们看到 20 日均线试图再次和 240 日均线进行金叉，但是金叉未果。在 2013 年 1 月 31 日开始出现暴跌，我们看到前方这一波所能够下跌的最低价是 9.66 元，股价继续出现回落同时开始反复地上拉 240 日均线，在 2013 年 3 月 6 日开始，第二次抓住 240 日均线。随后股价再次继续出现一个回落。在 2013 年 5 月 28 日股价再次击穿 240 日均线最高达到 12.19 元。这个时候 20 日均线和 240 日均线仍然没有进行金叉，最后一波快速下探，最终股价击穿两线达到一个比较低的价格 8.59 元。同时这个波动打出了一个新低以后算是结束。在技术上我们就不破不立，随后股价才可以产生短平尖的剪刀差。这种剪刀差的特征和第一次剪刀差的特征是完全不一样的，第一次剪刀差的特征，很显然，它只是一种第一次主力开始收货的一个行为；第二次剪刀差的特征是最后一步洗一洗盘的动作。股票从 8.58 元最低以后开始出现了快速上涨这个特征，我们发现它在这个时候会迅速地拉进 20 日均线和 240 日均线之间的距离，随后快速地突破 240 日均线。240 日均线是在 2013 年 8 月 5 日又再次达到的。2013 年 8 月 2 日出现一个涨停板，随后股价开始在 20 日均线和 240 日均线之间进行黏合。2013 年 8 月 26 日股价再次成功击穿，击穿以后 2013 年 9 月 2 日以后再次击穿并且出现一波连续上扬的动作，连续拉升。其间在 2013 年 9 月 6 日开始出现一个金叉，这个金叉才是真正意义上我们讲的极值趋势金叉。极值趋势战法宣告成功，股价便开始了一波永远不会回头的大涨行情。我们可以看到，这个地方有几个特征：第一，当时的金叉位置用的是阳

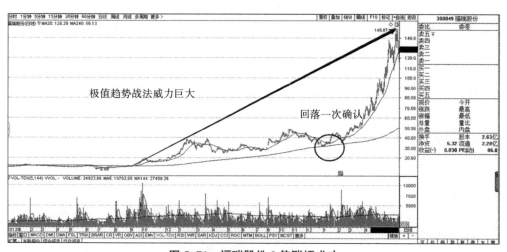

图 5-71　福瑞股份 3 倍涨幅成功

K 来做，而且是用一波慢慢地上涨的方法来做，空间比较大，跳空比较大，所以这种行情有可能不再出现纠缠战法中的跷跷板。那么股价开始一波剧烈的拉升，同时 2013 年 9 月 6 日的收盘价是 12.32 元，最终股价达到的新高点是 39.87 元，又是 3 倍法则。第二，我们看到虽然在 2015 年的时候福瑞股份最高达到 149.87 元，但是我们纵观 2013 年这整个波段行情，很明显，这个极值趋势战法所具有的特征是趋势性 3 倍涨幅。第三，就是它的一个时效性，时间往往比较短，通常会在 6~8 个月就完成这个整体的一个收益。而后它的一个后续行情是要通过后期不同的技术结构、不同的站法，再次进行一个推算才能够最终完成一波新的上涨的幅度的计算。我们通过福瑞股份至少可以看明白第一波上涨的逻辑。

● 课后作业

极值趋势战法为何一定要用金叉来打？

第十七节　20 天站岗——中科曙光

中科曙光的上涨特点：股价在突破 240 日均线以后出现 20 天以上的时间一直站稳在 240 日均线之上，行情开始发动。

成都的一个粉丝问：老师你好，我以前一直想抄底，但不知道如何才能抄到底部？

老师解答：你好，每一个底部都不是一次形成的，我们就以中科曙光为例子进行说明。

● 关键

金叉在极值趋势战法中的运用。

我们把注意力放到 2017 年，在 2017 年的整个年份当中应该说是上证 50 中证 100，社保基金重仓股的天下。我们来进行一个分析和研究，极值趋势战法在 2017 年这些股票当中有什么样的规律。首先我们选取 2017 年整个年度，在 2017 年，大盘上涨 6.56% 上涨了 200.53 点，这是我们抽样的年份当中不多的唯一一次上涨的一个年限。在这样的一个大盘股行情出现一个比较温和上涨的情况之下个

图 5-72　中科曙光日 K 线

股又该怎么样来表现？我们来进行第一只股票的分析。第一只股票叫做中科曙光，中科曙光仍然是沿用了我们前期的方法，就是出现剪刀差，当然我们通过对中国曙光的分析，我们发现中科曙光在 2015 年的时候曾经最高达到 169.99 元，经历了接近两年半左右的一个回调，价格最低回调到了 22.33 元，然后在 22.33 元开始进行趋势性的横盘，这个趋势性的横盘是从 2017 年 2 月 8 日、2 月 9 日开始站在了 20 日均线上方。

我们可以看到有一个基本的规律，即一波行情想要产生趋势，首先必须要经历的过程是极值趋势战法，想要改变趋势必须要在 20 日均线的上方待满 20 天以上，待满 20 天以上以后去触碰或尝试性的去突破 240 日均线，这个时候才能产生一波上涨。同时在这个过程当中，我们也要去观察它的同位性战法的存在。比方中科曙光，中国曙光在这个过程当中，在 2017 年 2 月 20 日，涨幅高达 3.96%，最低价是 24.02 元，那么它的同位性战法指示的价格就是 24 元附近。于是继续一波上涨，我们发现从 2 月 20 日开始股价才真正意义上站稳 20 日均线上方，达到 20 日以上的时间已经满足。在 2017 年 4 月 11 日那天股价尝试性的突破了 240 日均线，当时 240 日均线价格是 32.93 元，盘中最高涨到 33.3 元。涨到 33.3 元以后由于 20 线 240 日均线之间的这个差距比较大，所以最终收了一个上影线，成交量放出 10.7 亿元的巨量。股价开始应声回落，但是并没有改变 20 日均线向 240 日均线之间进行运动的趋势，股价随后开始下跌。2017 年 5 月 11 日

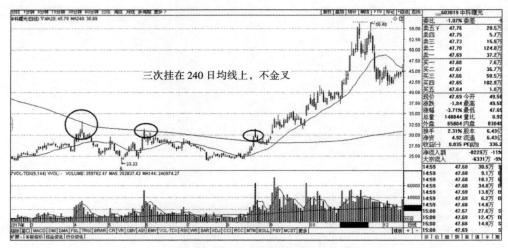

图 5-73　中科曙光 3 次挂 240 日均线

达到最低价是 23.23 元。很显然，是我们记住的同位性的价格 24 元附近，同位性战法有效并且成功。到了这个支撑以后股价再次进行反弹。2017 年 5 月 25 日股价突破 20 日均线，收盘 8.4 元，大幅上涨 3.71%。第二天股价在触碰并突破 20 日均线以后并没有跌穿盘中立刻涨停。这样的行情是它要去触碰 240 日均线之前的一个预警，果然在 2017 年 5 月 31 日达到最高 31.44 元的价格。随后虽然冲高回落，但是仍然表现出 20 日均线和 240 日均线之间的差距在缩小。然后股价再次进行一个震荡横盘整理，一直整理到 2017 年 7 月 18 日再次达到最低价

图 5-74　中科曙光金叉

32.87 元，同位性战法再次有效，这一次股价开始了一波非常平整的运动不再快速地上蹿下跳，也不着急去触碰 240 日均线。当然它有这个能力去做，但是它没有，而是出现一波非常缓慢的上涨，这就已经开始具备剪刀的能量和趋势。我们发现在这整个运动当中，在 2017 年 8 月 21 日股价第三次突破 240 日均线并且最终以封涨停的形式达到一个阶段性的高点，第二天 2017 年 8 月 22 日高开低走，成功地实现了一波天量的创新高的过程，盘中最高达到 11.43 元，放出巨大的成交量 19.4 亿元。这个时候具备了我们所讲的准备开始金叉的条件，也是股价为数不多的成功地站上 240 日均线。接下来几天股价真的稳步横盘在 240 日均线，这种态势之下只要股价一直稳定在 20 日均线让行情就能够起来。20 日均线和 240 日均线行之间的金叉即将成为可能。时间运行到 2017 年 8 月 29 日，开始出现了真正意义上的金叉。在 2017 年 9 月 6 日真正意义上打出了一个金叉结果，这个金叉收盘是 32.87 元。我们可以看到虽然最终的涨幅并不是很巨大，但是它的趋势和关键技术要领非常的明确。同时我们发现有个重要的规律，中科曙光在前期有过两次触碰 240 日均线，不一定见得非常的强劲，因为它并没有在前期出现过金叉，它只出现过股价站在 240 日均线的上方。但是我们叫 20 日均线以上三次摸高规律，第三次摸高的时候是在 2017 年 8 月 21 日，第三次摸高就是代表它真正意义上要做出金叉的动作，这个和我们后期讲的 20 日均线和 240 日均线之间三次金叉的方法有异曲同工之妙，股价在这个位置成功启动，最终股价达到

图 5-75　中科曙光 3 倍涨幅

最高价 56.4 元。虽然说没有翻倍，但是行情并没有结束，因为我们再去研究的时间是 2018 年 5 月 10 日，行情并没有完全的走完，所以我们拭目以待。从中科曙光上我们同时看到四周期线的重要性，整个四周期间也就是 20 日均线一波想要上升的行情，首先它要进行一个趋势的扭转，这个扭转是通过 20 日均线，这个关口在 20 日均线上方只有站稳 20 天以上才能够真正意义上成为一波趋势的基础，所以中科曙光对于我们而言是一个非常重大的突破和发现。

● 课后作业

为何股价要站稳在 20 日均线以上 20 天？

第十八节　黑炭中的聚宝盆——方大炭素

方大炭素的上涨特点：股价在 20 日均线和 240 日均线金叉之前，做出三角形整理的态势，类似一个聚宝盆，但是低点不创新低，最后 20 日均线和 240 日均线金叉，行情发动。

深圳的一个姚老师问：老师你好，方大炭素 2017 年是我自选股里面的股票，我天天看着它，但就是不敢买，后来大涨就再也不敢追了，老师我该如何克服交易恐惧？

图 5-76　方大炭素日 K 线

老师解答：你好姚老师，交易恐惧每个人都有，明明是自己看好的股票，但还是不敢相信自己的判断，最后股价大涨，自己后悔不已，我们来详细分析一下方大炭素。

继续看叫方大炭素的股票，在方大碳素里边，我们会详细地去讲解如果没有出现三次金叉却出现两次金叉可不可以，同时这两次金叉又怎么来进行交易。方大炭素是2017年为数不多的石墨烯板块中涨幅比较剧烈的一个股票，最高涨到39.2元。我们看它同样是从2015年股灾暴跌下来以后一直呈现横盘的态势的，我们讲过必须要经历20日均线以上二十天的一个作用，我们看到在2016年5月30日方大炭素便开始站在20日均线以上。这个时候我们清晰地可以看到这是一种第一次剪刀差的存在。第一次剪刀差以这个股价一直在往上涨。在这里我们也可以清晰地看到同位性战法的一个区间。这个同位性战法的体现，应该说是一个最高价格阶段性的成交量的突破。在2016年的6月1日，涨幅达3.43%，也释放出了一个阶段性的温和的成交量。股价围绕着20日均线以上开始进行一个发动，并开始了漫长的过程。最后有效突破240日均线的时间是在2016年7月22日。最后，2016年7月25日还出现了一个涨停板。但是不管怎么讲这一波应该来说是第一次剪刀差的存在，所以第一次剪刀差应该来说只是一个基础的准备工作。

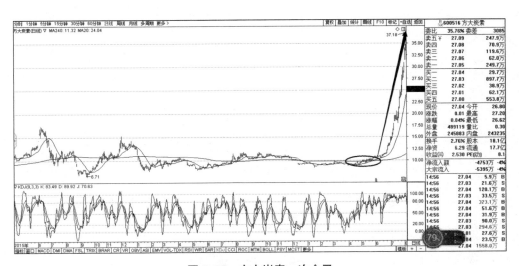

图 5-77　方大炭素一次金叉

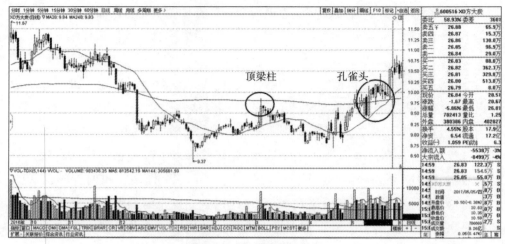

图 5-78　方大炭素孔雀头

在 2016 年 8 月 1 日，我们也通过一个细节非常明显地能够看得到这个地方，它是通过一个非常微弱的回调来打这个剪刀差。我们多数看到一些股票，如果说出现一些比较大的行情的发动，真正意义上它会有一个跳空的方法来打这个金叉的结。也就是说在 20 日均线和 240 日均线金叉上方股价不是一种回落的打结，而是一种缓慢上涨冲高式的打结。这个在我们前面的例子，我们讲得非常得多，继续看方大炭素，这个地方它自从打了金叉结以后，我们发现一个非常有意思的现象，那就是股价长期在 240 日均线上方运动。股价在 2016 年 8 月 16 日最高达

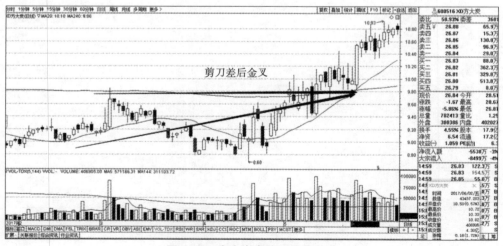

图 5-79　方大炭素剪刀差后金叉

到 11.77 元以后股价一直处于 20 日均线附近运动，但是它始终不跌破 240 日均线，那么我们可以计算它到底持续了多长时间，从 2016 年的 8 月份一直持续到 2016 年的 11 月份，足足有三个月左右。这么长的时间也就是耽搁了它后面第二次金叉的时间，所以这个地方我们称之为是一个高空圆弧。高空圆弧存在了以后，这里面存在着大量的空气，我们可以看到在 20 日均线和 240 日均线之间存在着大量的镂空，镂空完以后，这个死叉将是一个必然。当然走了一路，在 2016 年 12 月 21 日也成功地达到了它的一个死叉的目的。但是我们仍然记得同位性战法的存在，同位性战法告诉我们这个 240 日均线应该最低可以达到 6.68 元附近，我们可以看到方大炭素 2017 年 1 月 16 日股价最低达 8.37 元，确确实实也证明了同位性战法的准确性。同时股价开始出现一个扁平尖的地带，这成为我们后期的 20 日均线和 240 日均线之间的一个金叉产生的土壤和空间，方大炭素在这个地方有过一个小动作，就是在 2017 年 3 月 3 日出现一次上摸 240 日均线的动作，虽然不能够金叉但是它达到一种上摸的作用，显示出它的一个通道的趋势性。这使它通道的趋势保持畅通。最后它第二次打上金叉的时间是 2017 年 5 月 24 日。在这个过程当中，我们可以发现由于前三个多月 20 日均线与 240 日均线之间有大量的镂空，所以它第二次很难打出一个再次金叉的动作，也就是说它最高价也只能达到 9.86 元，在 2017 年 3 月 3 日它不能再做出一个金叉的动作，如果说前方的时间比较短，后方完全可以再做一个金叉再死叉。但是它没有，它直接进行了一个横盘上摸 240 日均线，表示它已经成功，这个时候股价就又开始回落到 20 日均线下方。而在这个过程当中，我们发现自从 2017 年 2 月 7 日股价达到 20 日均线上方以后，这个股价就至少在 20 日均线之上维持了二十个交易日以上，这个趋势是一个必要的条件，第二次在 2017 年 4 月 20 日以后股价再次往上发动，这次的时间将会更长，股价在这个地方开始连续地出现一个上拉动作。股价在这个上方横盘震荡整理向上。最终在 2017 年 5 月 24 日是以上涨 5.72% 的收盘价来开始这波行情的发生，这个和前方的情况不太一样。所以这才是真正意义上的第三次金叉的行情发动的一个真正标志。对方大炭素 3 倍涨幅分析中，我们可以发现一点就是一个天空圆弧的状态，这个圆弧的空间对于极值趋势战法的交易来说也是非常重要的，因为这个圆弧的出现，我们可以把它想象成为另外一个圆弧的对称。就是从 2016 年 8 月份到 2016 年的 11 月份这个圆弧和它下方这个圆弧，即 2016 年的 12 月份到 2017 年 5 月份这个圆弧是对称的，这

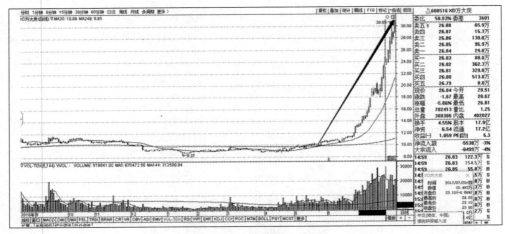

图 5-80　方大炭素 3 倍涨幅

种对称由于时间比较长，所以它第二次出现金叉的概率比较小，因此它只能出现两次金叉行为。所以说方大炭素这个地方它出现的是两次金叉、一次摸高 240 日均线，最后行情发动。我们看它金叉的时间点，收盘是 10.54 元，最终方大炭素涨到最高价 39.2 元，3 倍涨幅的涨幅规律正确。最后我们要讲一点，方大炭素这个地方如何来辨别是第一次剪刀差还是第二次还是第三次的特征，我们可以看到第一次剪刀差的行为在 2016 年 8 月 2 日，那个时候剪刀差是用它下跌的一种小阳 K 打出的一个金叉节。这种金叉结往往是不稳定的，是一种第一次剪刀差的表现。在方大炭素里边，第二次打出来这个剪刀差以后我们可以看清楚，在 2017 年 5 月 24 日，这个时候，即打出剪刀差以后的一个趋势是一波朝上上涨的趋势。而且前方它并没有出现一个明显的上涨暴跌以后这个态势，而是出现一个横盘突破的一种态势，所以这个时候是一种蓄势发动，是真正意义大行情的开始，而不是继续回落，那么后期的方式再也没有出现过纠缠战法的跷跷板的行为，所以通过分析我们也可以看到什么股票可以出现纠缠战法、跷跷板的行为，如果像方大炭素这样前期的一个剪刀差又平又尖又是一个狭长的地带，假如说时间很长的话，后期往往这种股票它具有很大的弹性，这种弹性大了以后就很难再给你机会到达 240 日均线进行第二次的补仓行为。所以投资者也要注意在这个地方要果断进场，不可以在等待它 240 日均线下方再给你出现一个买入的机会。

● 课后作业

如何区别两次金叉还是三次金叉?

第十九节　3次摸高——士兰微

天津的一个资深老股民：老师你好，我是 1992 年就开始炒股的老股民，经历了 4 次牛熊市的转化，我深深感到遇到一位好老师是我一辈子的福气，老师我 10 元左右买入了士兰微，我还能持有吗?

老师解答：你好，感谢对我的信任，我帮你分析一下士兰微，分析好以后自然就清晰了。

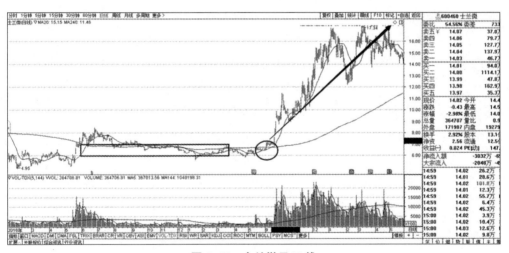

图 5-81　士兰微日 K 线

我们来讲一下 2017 年的牛股士兰微。这只股票的特征仍然是我们所讲的 240 日均线和 20 日均线之间的一个极值趋势战法的应用。我们看士兰微这个股票和前期我们讲的票有一些类似，都是 2015 年股灾以后出现的一个回落，回落了以后它最低达到的是 5.56 元，时间是 2017 年 1 月 16 日。这个时候，我讲过第一次要经历 20 日均线的突破。在 2017 年 2 月 8 日成功地突破了 20 日均线。到达 20 日均线的上方还要在上面稳定在二十个交易日。稳定在二十个交易日以

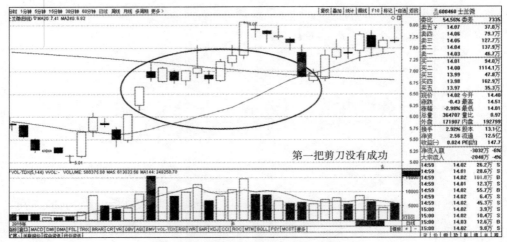

图 5-82　士兰微第一次剪刀差没有成功

后出现了同位性战法，我们选择的区间是 2017 年 3 月 3~6 日，最低价是 6.12
元。换句话说，这个同位性的战法应该定性为 6 元。我们记住同时这个时候也是
在 20 日均线的一个反弹，股价开始往上涨。在 2017 年 3 月 13 日股价突破 240
日均线，240 日均线的价格是 6.61 元，而当时的股价是 6.6 元，所以这个时候应
该说它已经到达 240 日均线的上方。第一次 20 日均线和 240 日均线间开始出现
一个金叉行为，但是并没有出现一个金叉的结果。240 日均线和 20 日均线之间
的距离在越来越缩短，同时最高达到 16.89 元，那个时间是在 2017 年 3 月 17

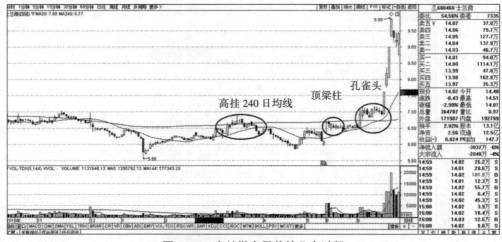

图 5-83　士兰微金叉前的几个过程

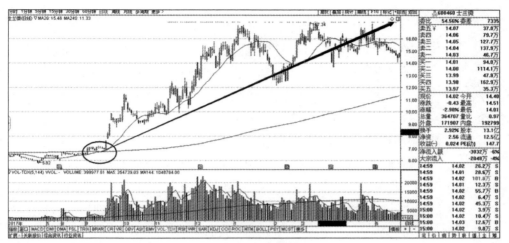

图 5-84 士兰微 3 倍涨幅

日。但是达到这个价格以后股价开始回落，它并没有成功地站上 240 线以上。我们讲过它第一次的突破是不成功的，是一种尝试，所以股价还是回落。从 2017年 3 月 29 日股价开始往下突破，下跌 2.88%，一直跌到 2017 年 4 月 24 日。2017 年 4 月 24 日跌到最低 5.82 元。这个时候我们发现同位性战法已经破掉，并且已经达到它的下轨。我们清楚同位性战法是在 6.12 元，换句话说，我们打一个折应该是在 6 元附近进行支撑。六块钱破掉，这是不破不立的法则。以后股价再次进行 20 日均线的突破，在 2017 年 4 月 28 日开始突破，突破以后再次回落。注意这里面有一个变化，在 2017 年的 8 月 15 日，突然之间出现了一个涨停板，直接把价格逼到 240 日均线，也就是这个地方，我们出现了一次和 240 日线之间的纠缠，这是第二次打到 240 日均线。这个时候股价开始出现剪刀差，又平又尖又长。同时股价成功地在 20 日均线的上方维持了 20 个交易日左右，那么我们可以再观察一下 2017 年 5 月 11 日其实就是对于同位性战法中的体现，我们讲过是 6 元附近。这个地方它呈现出 6 元附近有一个巨大的反弹，此时股价在 20 日均线和 240 日均线直接扁平狭长地带进行运动纠缠。最后股价在 2017 年 9 月 10 日成功突破 240 日均线这个时候是放量有效突破前期的平台。这是第三次突破 240日均线，但是没有金叉在 20 日均线和 240 日均线之间，即它并没有产生金叉的行为，只是把价格打上去了。随着时间的延长，股价开始在 240 日均线上方运动，维持了十多个交易日以后，在 2017 年 9 月 13 日成功地实现了它的金叉的目的，也就是说极值趋势战法成功。我们记住它的价格是 7.04 元，这个时候我们按照 3 倍价的法则，股价应该最高达到 21 元附近。随后股价开始出现连续的涨停行为，开始脱离 20 日均线，在这种局面之下纠缠战法中的跷跷板战法已经不可能存在。所以股价开始在 20 日均线和 240 日均线之间呈现喇叭口的放大。第一波股价便达到了 11.46 元，然后股价还是回落，回落到 20 日均线附近横盘震荡整理，已经表现出非常强劲的势头。这就是一种极值趋势战法，然后股价围绕着 20 日均线不断的反复震荡整理向上，最终的价格达到了 2018 年 3 月 8 日的 17.34 元。因为我们现在是 2018 年 5 月 10 日可以这么说，还有行情并没有做完。虽然在这个位置距离 21 元还相差 3 元多，但是它的意思已经完全表露。也就是说，极值趋势战法从它金叉的那一刻开始 3 倍涨幅的方法已经出现。所以在士兰微整个交易的过程当中，我们发现仍然是三次摸高行为在这里体现得淋漓尽致，所以我们要记住士兰微的交易方法和特点。

● 课后作业

极值趋势战法如何和同位性战法结合起来？

第二十节　孔雀头——万华化学

万华化学的上涨特点：所谓孔雀头就是一个大阳 K 树立在 20 日均线和 240 日均线之间，然后股价在 240 日均线之上运动，240 日均线向下，20 日均线向上，最后金叉，形成类似一个孔雀头部的形态，最后股价大幅暴涨。

自称新手的股民：老师你好，我刚入市不久，教我一两招，管用的就行，谢谢。

老师解答：你好，对于刚入市不久的新股民以稳健投资为主，下面我们来教学万华化学。

我们来看万华化学。我们仍然通过极值趋势战法来研究。从万华化学上，我们这次会看到 20 日均线和 240 日均线之间的一个纠缠的新特点。我们可以看出万华化学同样是经历了 2015 年的暴跌。其最低达到 12.01 元。然后从 12.01 元开始反弹，首先突破 20 日均线，在 2016 年的 3 月 2 日成功站在了 20 日均线以上 20 天，接着开始出现一波小趋势。但是我们发现在 2016 年 6 月 30 日万华化学

图 5-85 万华化学日 K 线

就开始出现金叉，这个金叉以后万华化学便开始了一波非常强劲的上涨，可以这
么说。这里它并没有出现三次摸高也没有三次金叉。更没有圆弧顶的一种状态，
而是直接金叉。那么针对这样的一些股票，我们应该怎样去把握。根据战法，应
该会出现一个震荡整理回落，这是第一种，第二种应该会出现两次金叉行为，或
者三次摸高行为。但是万华化学在这个位置直接出现金叉。同时我们在这个地方
也清晰地看到了一个镶边运动，即 240 日均线和股价之间的镶边运动。如果万华
化学从 2016 年 7 月 1 日就开始出现这一波上涨，并出现的是圆弧顶的一种状态，
那么它应该会在 3 个月左右出现一个回落。但我们发现在 2016 年 10 月份它仍然

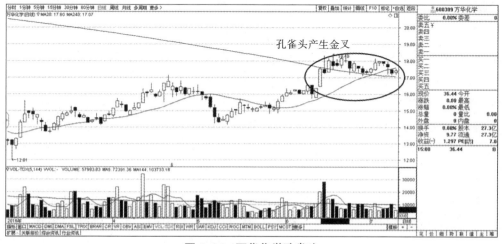

图 5-86 万华化学孔雀头

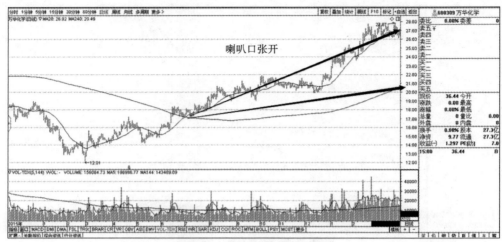

图 5-87　万华化学喇叭口张开

不能得到回落，这个时候就是我们极值趋势战法中的一种新的特征，即对于一些比较牛的票，它不愿意出现回落，它出现的金叉叫做一次金叉极值趋势战法。针对这种一次性的极值趋势战法，股价迟迟得不到回落，它围绕着 20 日均线进行来回的震荡整理向上爬高而且不断地创新高，最终从 2016 年 7 月的 17.90 元上涨到 2017 年 4 月 20 日的最高价 31.38 元。这个时候并没有达到它的 3 倍涨幅。这个时候出现的是一个送转行情。通过这种送转股使得万华化学达到了 22.33 元的一个低点，这个底点也是和 240 日均线进行确认的一个时间窗口，同时这个地方出现过一次跳空，而这个跳空是除权的跳空，跟它送转股有关系，我们可以看到通过这样的方法像万华化学这一种蓝筹票的上涨显而易见比士兰微可能要温和得多，但是它所持续的时间非常长。我们可发现这里面的特征，它仍然是有 3 倍价的法则，这个 3 倍涨幅的特征，从金叉的那个时间开始，当时的 17.53 元我们算它 17 元，然后乘以 3 就应该要达到 51 元左右，实际上万华化学它第一波打的价格是两倍价。刚才我们看到 2 倍量是 31.88 元，2017 年 4 月 20 日达到 2 倍价以后股价开始出现回落，出现纠缠战法当中跷跷板的办法，显而易见，时间非常的长。但是这同样也是一种新的方法，就是说它在 3 倍涨幅的方法下呈现出第二次和 240 日均线现进行交叉的机会就是一个买点，这个买点最终从 22.33 元直接涨到最高的 43.68 元。如果从前面计算来看的话，43.68 元已经非常接近 51 元，当然现在万化华学还没有做完，现在是 2018 年 5 月 10 日，这个股票应该还有最后一波上涨。或者讲这个股票现在处于一个震荡整理的状态中。但是我们研究的

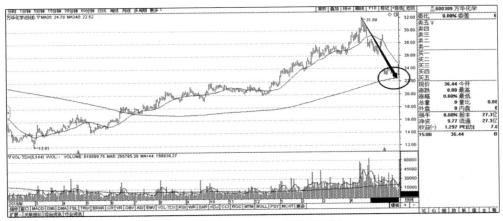

图 5-88　万华化学 20 日均线回踩

是前面这个波段，也就是整个 2017 年大蓝筹的这个行情是怎么起来的。对于这个一次金叉的行为，它往往通过两次探底才能够达到。一次金叉首先有个目标，金叉完以后它一定要经历长达 6 个月以上的慢涨，20 日均线和 240 日均线之间呈现一个巨大的镂空。然后在这个地方用高送转的方式使股价强制性的回落。回落到 240 日均线附近，这是一个机会。同时通过纠缠战法中的跷跷板行为我们可以认为在 240 日均线附近从未有过一个反弹将会出现的机会。所以像万华化学这种股票我们只能通过一次金叉和一次触碰 240 日均线，最后再通过 3 倍量的法则来计算。万华化学就是 2016 年到 2017 年甚至 2018 年趋势性的行情。

● 课后作业

图 5-89　万华化学 20 日均线反弹后大幅上涨

为何回落到 240 日均线是交易的一个机会？

第二十一节　宇宙茅台——贵州茅台

贵州茅台的上涨特点：所谓宇宙走法就是股价涨 100 跌 50、涨 50 跌 25、涨 1 跌 0.5 的方式来运动，贵州茅台就是这种走势，这种走法可以无限上涨。

江西的周成明：老师我是一个价值投资者，我一直持有贵州茅台，成本是 450 元左右，想问老师我何时可以卖掉，谢谢！

老师解答：你好周成明，首先恭喜你一路持有贵州茅台，贵州茅台是一个非常不错的价值投资品种。接下来老师对贵州茅台进行一个分析，以便对你有所帮助。

贵州茅台，应该说是中国历史上为数不多的极具投资价值的一个蓝筹品种。

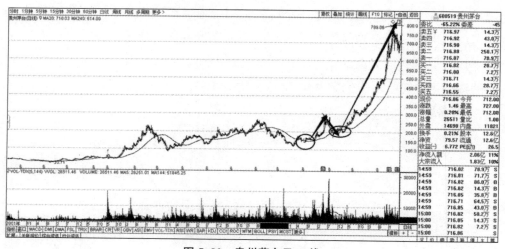

图 5-90　贵州茅台日 K 线

这个股票和其他股票的特征有显著的区别，它可以一直上涨十年甚至是二十年，具有长期投资的价值。我们来研究贵州茅台一整个操盘的逻辑和思路。贵州茅台股票从 2003 年的 20 多元启动以后，一直达到 2007 年最高价 230.55 元，涨了 10 倍。随后开始了长达五年左右的高位横盘，在这个区间一直都是比较慢的一个过程，就是从 200 元到 100 元之间进行来回的震荡整理，我们把时间定格在 2014 年 1 月的那个阶段，从 118.01 元开始出现上穿，这个上穿直接产生了第一次和 240 日均线进行金叉的一个机会，这个时候股价最高达到 179.6 元，随后股价开始回落。我们以前讲过这样的一个上涨是必然会经历回落的，但是贵州茅台它并没有回多少。我们看到在 2014 年 5 月 29 日出现了一个短时间的死叉以后，贵州茅台再次在 2014 年 7 月 14 日到 2014 年 7 月 15 日开始出现一个金叉。金叉首先是通过突破 20 日均线的一个极值战法，又再次突破 240 日均线极值趋势战法，最后在 2014 年 7 月 24 日出现了一次金叉行为。这次金叉行为是第二次金叉行

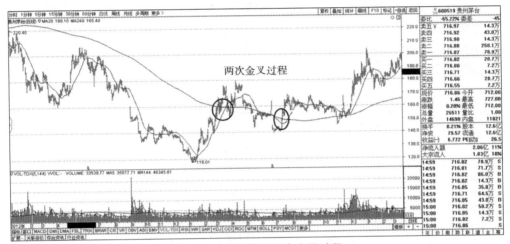

图 5-91　贵州茅台两次金叉过程

图 5-92　贵州茅台回踩 20 日均线

为，在贵州茅台当中可以作为后期。2014 年 7~10 月，股价长时间处于 20 日均线附近，但股价一直大于 240 日均线。我们可以看到股价再次发动的时间是在 2014 年 1 月 20 日左右，在这个地方它又再次出现了一波上升，直接把价格打到最高 290 元。达到 290 元以后，它开始出现一个高空的震动。这个仍然和我们万华化学一样，就是 240 日均线的上方经过极值趋势战法以后很难再回到 240 日均线以下，这是一个牛股的特征。这种特征造成一个局面就是你很难用我们前期的短长尖扁的一种剪刀差的思路来判断贵州茅台，因为这个时候的股价全部站在了 240 日均线的上方，没有剪刀差。同时这个股价出现了 20 日均线和 240 日均线之间比较长的镂空地带。而且股价迟迟得不到回落，它只有一种办法才能回落，就是高送转，强制把股价进行稀释打压。这个和万华化学一样，贵州茅台在 2015 年 7 月 17 日以后股价就出现了一个高送，把价格强制性的跳空。然后把股价最低达到 2015 年 8 月 25 日的 166.2 元。此时就是我们所说的极值趋战法中一个比较关键的位置，这个时候是比较好的机会，当然贵州茅台在后期呈现出一种比较温柔的状态，我们仍然能够看得到剪刀差的存在，但是这是一种套用方法，是在大格局下的一种剪刀差的套用。所以在第一次股价触碰 240 日均线的时候，贵州茅台就要进行布局。同时用小周期的趋势我们可以看得出在 166 元以后股价再一次在一个狭小扁平的地带开始上涨，最高涨到 229.18 元。在 2015 年 12 月 21 日，股价再次出现死叉。也就是说，在贵州茅台里边，它并不是出现一次给你进行死叉的机会，它在这个地方做出了一个剪刀差的结构，所以这个地方是有足够的时间进行吸货。最后一波上涨是开始于 2016 年的 3 月 16 日。2016 年的 3 月份以后股价正式进行金叉，这个金叉和前面一个金叉不一样，我们讲的很清楚，这就是狭长地带的剪刀差式的金叉。这个金叉也助推了后面三倍量法则，这个时候的剪刀差的金叉价格收盘价是 232 元。232 元这个位置乘以 3 应该是 696 元，换句话说，贵州茅台的最高价应该要达到 700 元附近。果不其然，贵州茅台最终的价格是 799.06 元，最后极值趋势战法成功。上涨潮隐退，截至 2018 年 5 月 10 日，贵州茅台的收盘是 710.19 元，仍然是 700 元附近，这种长期的大蓝筹股票当中，我们发现这里面有一个重要的特征，即股价经历金叉以后出现了一个巨大的镂空地带，这个镂空地带会给我们参与交易或者判断剪刀差的行为带来比较大的障碍，这个时候我们要注意从金叉开始计算它的一个涨幅是它的一个目标价。同时从高送转之日起它的这个股价跌到 240 日均线附近，是唯一一次难得的

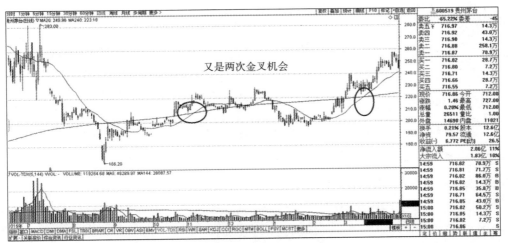

图 5-93　贵州茅台两次金叉机会

建仓机会。这种建仓机会在整个极值趋势战法中是非常罕见的。不管大盘的波动如何，贵州茅台必然会向 700 元运动，当时的价格只有 200 元左右。这就是一个极致趋势战法中大蓝筹票的运作规律。

● 课后作业

价值投资如何和极值趋势战法完美地结合起来？

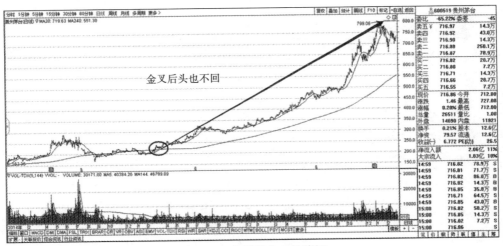

图 5-94　贵州茅台 3 倍涨幅

第二十二节　小荷财露尖尖角——美的集团

战法定义：小荷财露尖尖角，指的是股价在 20 日均线突破 240 日均线的时候，形成一波非常快速的上冲，通常 5 天时间要快速上涨 20% 到 30%，然后回落，回踩 240 日均线，最后行情发动。

河北的李凯：老师帮我看看美的集团还能买吗？

老师解答：你好李凯，集团已经处于历史性的美的高位了，建议逢低吸纳。

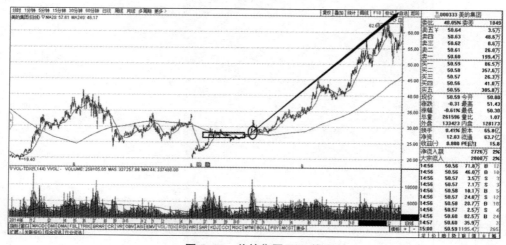

图 5-95　美的集团日 K 线

我们分析美的集团，这只股票也是 2007 年我们交易过的一只股票。我们来观察它上涨的逻辑，美的集团相对而言比较符合我们的三拉高的行为。美的集团从 19.99 元起，2016 年 5 月 9 日开始出现的是第一波拉升。第一波达到的最高价格是 29.57 元。我们对整个这阶段来进行观察，首先是极值跳空法。极值跳空法是从 2016 年 6 月 20 日美的集团突破 20 日均线开始。

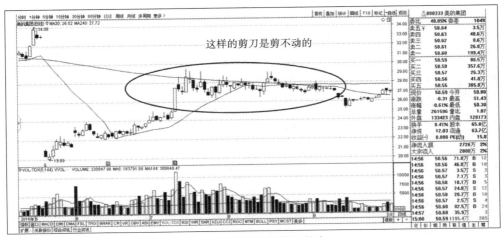

图 5-96　美的集团横盘状态

在 20 日均线上方站稳 20 几个交易日行情开始发动。到 2016 年 7 月 12 日开始出现涨停板，然后通过这个涨停板打出 240 日均线的极值突破战法。但是我们讲过第一次的这个行为是不作数的，一般情况下发动不了也构不成剪刀差，但是在这个地方，我们同位性战法讲述得很清楚，美的集团它的一个最低价格应该是在 24.98 元。它会形成一个压力位，第一次尝试性地去突破 240 日均线但是并没有金叉。金叉失败以后股价开始回落，那么第二次回落的最低价格是 25.18 元，非常接近 25 元。然后股价继续往上涨。一旦往上涨了以后股价将会很难再进行回落。2016 年的 9 月 30 日股价再次突破 20 日均线，在 20 日均线和 240 日均线

图 5-97　美的集团 3 倍涨幅之前的预金叉状态

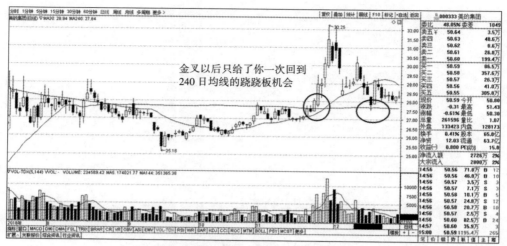

金叉以后只给了你一次回到240 日均线的跷跷板机会

图 5-98　美的集团一次回踩 20 日均线的机会

之间开始出现扁平上涨的行为。这个时候股价要准备发动金叉行为，极值趋势战法要开始发生，同时我们发现 2016 年 11 月 1 日股价突破 240 日均线达到 27.77元，240 日均线的价格是 27.71 元。这个属于又扁又长又尖的剪刀差战法。最后股价在 2016 年的 11 月 21 日开始突破 20 日均线和 240 日均线，同时具有二象结构的连续性。2016 年 11 月 23 日以及 2016 年 11 月 24 日再也没有回调到 240 日均线的下方。在 2016 年 11 月 28 日股价成功实现了金叉行为。这个时候的价格我们看得很清晰，大概在 29 元，前方已经讲到过这是三次摸高的一个站法，三次摸高到 240 日均线，但是不金叉，第四次形成一个剪刀差的战法，扁平长剪刀差，同时突破，金叉成立。我们在这个过程中发现中心同位性战法仍然产生作用，25 元附近位置有强烈支撑。然后用纠缠战法当中的跷跷板战法使股价达到最高 32.25 元，再次回落到 240 日均线，达到 27.67 元。在 2016 年 12 月 15 日股价最低达到 27.5 元，成功接触了 240 日均线，从此开始了一波非常强劲的上涨。美的集团，从此再没有达到 240 日线的机会。同时 20 日均线和 240 日均线之间喇叭口开始增加。美的集团在 20 日均线附近一直纠缠上涨创新高。最终价格打到最高价 62.89 元。虽然我们在这个地方，到目前为止，我们所判断的价格还没有达到，根据 3 倍量来算的话美的集团最终的价格应该达到 90 元。但是行情并没有走完，美的集团最后一波价格还没有出现，90 元能不能够达到，我们拭目以待。

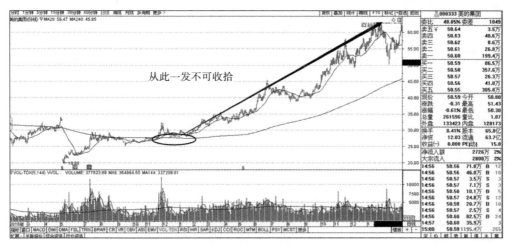

图 5-99　美的集团 3 倍涨幅

● 课后作业

美的集团一共有几次进场的机会?

第二十三节　最坚固的角钢——方大特钢

我们接下来，再看一只股票叫方大特钢。

内蒙古的一个粉丝：老师我第一次听你的课，能详细讲述一下极值趋势战法吗，谢谢?

老师解答：你好，我就以方大特钢为例给你讲一下。

它表现出来和万华化学、贵州茅台相近的走势，就是我们讲的极值趋势战法当中的一次金叉以后，在 6 个月交易日的时间出现一个比较大的镂空，最后再达到 240 日均线的一个交易方法，具体的我们来看一下方大特钢，它也仍然是从 2015 年的最高价 15.37 元打下来，达到最低 4.1 元，在 2016 年 2 月 1 日开始反弹。从 2016 年 2 月 16 日股价开始突破 20 日均线，并开了一波上涨。它真正出现 20 日均线和 240 日均线金叉的时间是在 2016 年的 7 月 29 日。我们可以通过两个格局去了解方大特钢。一个格局是通过从 4.1 元涨到 6 元，又再次涨到 2016 年 4 月 21 日的 6.51 元。又从 6.51 元回落到 4.54 元，这在 240 日均线下方

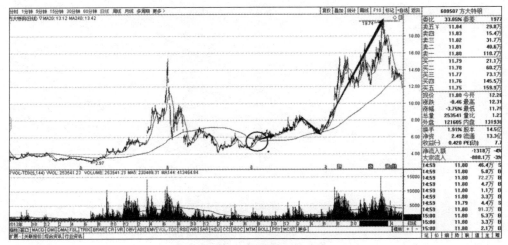

图 5-100　方大特钢日 K 线

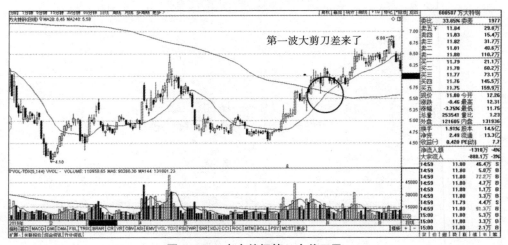

图 5-101　方大特钢第一次剪刀叉

的一个小金叉它走的时间已经超越了两年，如果我们从 2016 年 8 月 1 日第一个金叉开始计算，因为我们在前面讲到过，要么就是三次探底，要么就是三次金叉，要么就是扁平金叉。这些方法，我们基本上都可以拿来运用，但是我们在交易的时候，注重的是一个效果。在 2016 年 8 月 1 日这个地方出现了第一次金叉，然后股价开始出现反弹。在这个过程当中股价一直都没有脱离过 240 日均线，240 日均线一直在它的下面，在 20 日均线附近股价开始呈现一个振荡整理横盘向上的过程，我们为什么更加偏向于认为它是一个 240 日均线以上回落的极值趋势战法，而不偏向于是 20 日均线和 240 日线在下方金叉产生一个趋势战法？原因有以下两点，第一点，在 2016 年 8 月 1 日，收盘是 6.04 元，最高涨到的金额是 8.64 元，涨幅 100% 都没有，然后就开始出现一个回落。第二点，前方并没有任何迹象表明它出现了一个和 240 日均线进行纠缠，或者是摸高 240 日均线的一个动作，而是什么都没有发生。所以我偏向于认为这个地方应该是一次金叉的战法，一次金叉的极值趋势战法应该说和我们以前的观点是一样的，这里面有一个讲究，第一个金叉时间是 2016 年 8 月 1 日，然后这一波价格达到 2017 年的 2 月份，也就是说它经历了差不多 6 个多月的时间。6 个多月的时间它上涨的幅度并不大，从 6 元涨到 8 元。大概是 50%，然后出现一个回落。这次回落就好像万华化学一样，但是并没有出现一个送转，而是股价呈现着一个快速的回落，快速的回落首先击穿的是 20 日均线，20 日均线打完以后股价一直在 20 日均线下方进行一个做空。然后最低达到 2017 年 4 月 19 日的 6.35 元，打到 240 日均线在 6.44 元的位置开始出现反弹，这个就是我们所讲的一次金叉极值趋势战法。然后股价第二次打到 240 日均线是在 2017 年的 5 月 11 日，这时候股价再次开始反弹。最后股价突破了 20 日均线，从新站在 20 日均线的上方，我们讲过站在 20 日均线的上方要连续上涨 20 个交易日以上。从 2017 年 5 月 16 日开始股价便开始了一直在 20 日均线上方运动的一个过程，从此以后股价便开始了一波比较强劲的上涨，最高涨到 19.74 元。我们把 2016 年 8 月 1 日开始的 6.04 元，乘以 3 倍就是

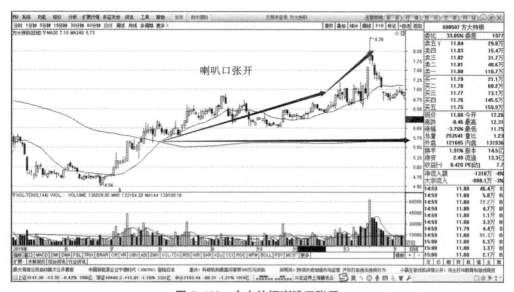

图 5-102　方大特钢喇叭口张开

18 元。所以这才是一波极值趋势战法的精要所在，极值趋势战法除了我们所看到的几只比较不规则的股票，其他的股票都具有 3 倍收益特征。因为它们的目标最终指向的是 2015 年的高位，2015 年的高位是 15.37 元。突破 2015 年的高位势必要大于 15.37 元，18 元的话正好突破它 15.37% 至 20% 左右的空间，这个战法是非常成功和非常合适的。总结一下，通过万华化学、贵州茅台、方大特钢这几只股票的特征，我们可以发现。这个类似于极值反弹战法的一个要求，就是如果股价一次突破完 240 日均线，以后再也不回落到 240 日均线或者超过 6 个月的时间都不回落到 240 日均线下方，那么这只股票一定是我们所讲的极值趋势战法的一次金叉战法。同时根据极值趋势战法 3 倍收益的规定，如果这个股票在金叉的时间和价格那个位置，如果是 10 元的话它一般理性的价格会达到 30 元。如果在这个过程当中它经过 6 个多月的上涨，但它的涨幅仍然是小于 50% 的，那么这个股价一般情况下是达不到它最终位置的。最终的目标位的股价应该是以 3 倍左右的收益作为它的一个最终目标，所以最后回落到 240 日均线应该就是一个交易和布局的机会，这种就类似在 240 日均线上方做一个大的三角形，我们也称之为是 240 日均线线上的大三角形战法。

图 5-103　方大特钢 20 日线支撑

图 5-104 方大特钢 3 倍涨幅

● **课后作业**

大三角形战法中的大三角形到底指的是哪个大三角形?

第二十四节 三打白骨精——华新水泥

华新水泥的上涨特点：三打白骨精指的是股价 20 日均线突破 240 日均线以后，出现三次回踩 240 日均线的机会，最后行情大幅爆发。

宝鸡的一个汤老先生：我偏爱资源类个股，老师能否讲一个资源类的个股案例，供我学习参考?

老师解答：你好汤老，我就以华新水泥为例。

同样的思维，我们来研究华新水泥到 2017 年的上涨规律，华新水泥在 2015年以后同样股价经历了一波下跌，但是它的最高价是 56.96 元，是在 2011 年创下的一个新高，华新水泥在 2016 年 2 月份以后开始出现一波反弹。这波反弹从 240 日均线的价格看是第一次成功的摸到 240 日均线。在 2016 年 6 月份股价开始再次出现一个拐点，再次上穿 240 日均线股价，在 2016 年 8 月 15 日的时候发生金叉，最高价达到 8.39 元。达到 8.39 元以后华新水泥经历了第二次金叉，第二次金叉发生的时间是在 2016 年 11 月 3 日。然后股价就一直开始在 240 日均线

图 5-105　华新水泥日 K 线

以上波动。华新水泥金叉的价格在第一次我们可以算它为 8.13 元，那么 8.13 元的话，乘以 3 应该是在 24 元附近。华新水泥后期第一波上涨是发生在 2017 年的 1 月 16 日。2017 年 1 月 16 日达到 7.19 元以后，股价开始出现大幅的一个拉升。拉升的最高价格到达 2017 年 3 月 24 日 11.45 元。但是这个涨幅根本就没有达到 100%。所以就符合我们的一个要求，新水泥从 2016 年的 8 月第一次开始金叉到 2017 年的 4 月，应该说实际上已经达到 6 个多月的时间，同时它的涨幅仍然没有大于 50%。所以这个时候我们可以判断它就是一次金叉的极值趋势战法。很快

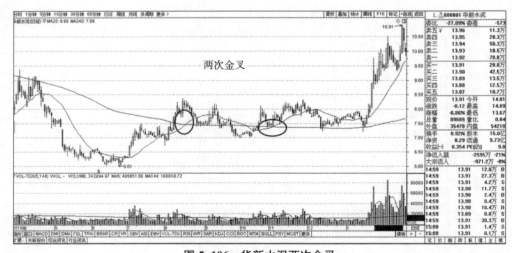

图 5-106　华新水泥两次金叉

图 5-107　华新水泥回调到 20 日均线

在大盘的洗礼之下华新水泥从 2017 年 3 月 27 日开始出现回落，回落的一个低点出现在 2017 年的 5 月 24 日，成功击穿 240 日均线。但是我们发现一个现象，击穿 240 日均线以后，20 日均线也开始出现一个回落，但是它并没有和 240 日均线进行死叉，只是无限地接近 240 日均线。接近 240 日均线以后在这个过程当中出现了一个比较微妙的变化，就是 2017 年的 6 月 19 日，曾经已经扭缠在一起可以认为在这个地方已经死叉，我们发现却在 2017 年的 6 月 26 日股价再次出现大涨，也就在这个地方，它勉为其难地第三次进行这个死叉行为，这种死叉行为，我们可以谅解。因为在当时上证指数的表现在这里已经接近一个极限的新低，所以，我们可以判断在这个区间它应该来说就是在扫货。我们可以看到最后一波拉升，上涨到最高价 16.58 元，这个价格是在 2017 年 11 月 29 日，也就是说它通过一个快速回落到 240 日均线的机会，出现了一波大涨。当然截止到 2018 年 5 月 10 日股价也并没有完全回落到 240 日均线的下方，仍然在上方进行横盘和震荡。我们有理由相信华新水泥这一步并没有完成最终的上涨，根据 3 倍量的法则发现华新水泥应该它的价格要达到 24 元左右，能不能达到我们拭目以待。

图 5-108　华新水泥 20 日均线的支撑

● 课后作业

找找华新水泥出现了几次回踩到 240 日均线的机会。

第二十五节　永恒的医药——恒瑞医药

恒瑞医药的上涨特点：股价在 20 日均线上处于高控盘状态，呈现出永恒上涨的态势。

连云港的朱先生：老师你好，我正好在恒瑞医药上班，平时也喜爱炒股，但是我们恒瑞医药的股票这样涨我实在不能看懂，虽然是自己公司的员工，但还是觉得太高了，请老师分析一下。

老师解答：朱先生你好，你的情况可谓是得天独厚的条件，在基本面上可以说你比老师更清楚恒瑞医药的情况，今天我就从技术面上给你分析一下恒瑞医药。

最后一个 2017 年的股票，我们来分析的是恒瑞医药，恒瑞医药作为仿制药面板块的一个龙头股票。基本面上它具有非常优质的条件，同时在技术面的分析上，我们看到一直都处于一个漫长的过程，在 2003 年 10 月达到了 7.44 元的新低，以后它一直呈现着一个送转，然后除权，然后填权的行情，每次都经历了创新高的过程。恒瑞医药在 2015 年也是达到了 68.08 元的一个最高价格以后股价

图 5-109　恒瑞医药日 K 线

开始出现回落，我们可以看到恒瑞医药表现出来的 20 日均线和 240 日均线之间的黏合度是非常强劲的，而且它并没有击穿 2015 年 7 月 9 日最低价 34.47 元的新低，而是出现了比较慢的一个横盘震荡的过程，在 2016 年 11 月 2 日股价发生第一次金叉，这个金叉我们可以把它先定义为是扁平尖的一个剪刀差行为。这个金叉以后它的一个收盘价格是 45 元左右，这第一次金叉以后我们发现了一个现象，股价一直都处于 240 日线以上的位置进行波动，虽然在这个过程当中出现了一个纠缠战法中的跷跷板战法，但是股价并没有出现比较大的上涨。直到在 2017 年 1 月份开始股价大幅的脱离 20 日均线和 240 日均线，喇叭口开始张开，20 日均线和 240 日均线之间呈现出明显的多头排列现象，不再和以前的纠缠战法一样处于水平震荡的态势。这个时候恒瑞医药最高涨了 80 倍，且最高涨到 2017 年的 5 月 24 日的 60.4 元。那么我们可以通过这一现象发现一个规律，恒瑞医药它上涨到的价格是 60.4 元，从 45 元上涨到 60.4 元，涨幅并没有达到 50% 以上。在这样的一个情况之下股价出现了一个高送转行情，高送转行情瞬间使股价出现了一个跳空。一般我们在蓝筹票里会发现一种现象就是填权行情的存在如果结合着极值趋势战法应用将会更加的微妙。恒瑞医药最终的目标价，如果根据击穿 45 元来计算，应该达到 135 元左右。在除权以后股价快速回落到 240 日均线附近。其中在 2017 年的 7 月 10 日，股价最低达到 48.41 元，而 240 日均线的价格是 48.43 元，这是第一次回落，第二次股价最低达到 48.42 元，240 日均线最近的价格是 48.55 元。然后在 2017 年 7 月 18 日股价开始重新站在 20 日均线在

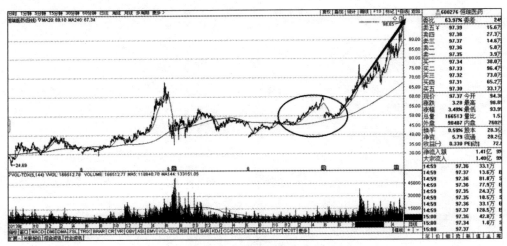

图 5-110　恒瑞医药日 K 线

图 5-111　恒瑞医药第一次金叉成功

上方，足足站了有 20 个交易日，趋势性的行情又再次发生，自从 2017 年 7 月份到达了 240 日均线附近 48.5 元左右的价格以后，恒瑞医药便出现了一波历史上非常罕见的大的一个张口往上拉伸，到目前为止最高是 2018 年 5 月 10 日的 92.6 元。恒瑞医药在这波上涨的过程当中，应该说从来都没有真正脱离过 20 日均线，也达不到 240 日均线的支撑。所以总结上面的规律我们非常明显地观察到一次突破极值趋势战法的要点往往是伴随着一个巨大的下跌，通过除权的方法跌下来的空间，将股价快速达到 240 日均线附近。同时在前方从极值趋势战法金叉的那一刻起，一般股价会涨幅小于 100%，通常会达到 50% 左右。这种情况之下它并没

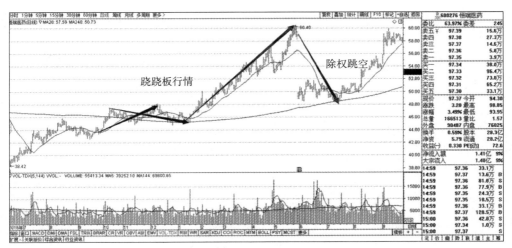

图 5-112　恒瑞医药 20 日均线支撑

有达到它的目标位，所以最后它一定会出现一个大幅度的回落，回落完以后最终它的价格一定会达到它最高目标位的价格。这就是我们通过分析一些大蓝筹大牛票恒瑞医药、万华化学、贵州茅台等股票得出来的一个共同的特征，我们可以见证恒瑞医药，最终所能达到的最高价。

图 5-113　恒瑞医药的成交量

● 课后作业

基本面分析如何和技术分析很好地结合在一起？

第六章 中心位战法

第一节 中心位战法的描述

中心位战法的描述：股价在 20 日均线附近，一个阴 K 突然突破前面连续缓慢上涨的 5 到 10 根小阳 K 线的最低点，表现出一阴破多阳的特征，同时股价又以大阳 K 的形式立刻出现反包，最后不断涨停创出阶段性的新高。

同时我们要了解一下什么是中心位，二象理论中对于中心位的定义就是任何 K 线开盘和收盘除以 2 的价格就是该 K 线当日的中心位，每一天都会形成一个中心位的价格，如果每一天的中心位价在不断上涨，表示主力在做多，如果每一天的中心位价在不断下跌，表示主力在做空，而中心位战法中的特点是，在 20 日均线附近中心位价格先是缓慢上涨，然后突然出现暴力下跌，一个阴 K 击穿前面若干条 K 线的中心位以后，股价突然出现快速上涨，收回前面中心位的价格，出现反包结构，最后股价出现快速涨停的态势。下面我们会以具体的案例来详细说明中心位战法的运用。

为了对中心位概念有一个更好的了解，我们来详细讲述一下中心位概念。中心位概念是二象操盘理论中最重要的一个概念，是多方与空方势均力敌，相互平衡的一个价格，是二象操盘理论最重要的一个交易依据，中心位不能简单地理解为 50% 的价格回撤，更多的我认为这是一种类似于开关的价格，在某个价格以上，多头趋势将得到延续，在该价格以下便是空头趋势的开启，这个价格就是一个临界值，二象操盘谓之中心位。中心位概念是一个博大精深的理念，是一切交易产生波动的根本价位，是多空双方交锋的焦点。

日本蜡烛图 K 线技术发明以后，使中心位得到更广泛的理解与应用，每个 K 线都具有中心位价格，虽然日本蜡烛图各种 K 线的组合有各种不同的意义，但是二象理论认为相邻两根 K 线的中心位关系，便可以基本判断价格处于多头区还是空头区，这个应用比日本蜡烛图更快更准。

中心位最有价值的应用除了在判断多空强弱方面，还可以具体应用于开仓后的止损止盈。

第二节　天井取水——中石科技

中石科技的上涨特点：股价一直在 20 日均线上方横盘向上涨，突然股价大幅下跌，击穿前面 5 到 6 根 K 线的最低点，而且股价又是在高位，类似在天井中取水的态势，随后股价开始反弹。

对于中心位的概念我们前面已经说过了，中心位的定义就是开盘和收盘除以 2 的价格。现在让我们来详细地介绍在假设中已经讲过了的中心位赚钱的技巧。我先介绍一种和四周期结合应用的中心位战法，这种方法可以捉到牛股和起爆点，而且这种方法往往比较安全，股价处于 20 日均线和 240 日均线的下方，并没有多少上涨的幅度，比如中石科技。

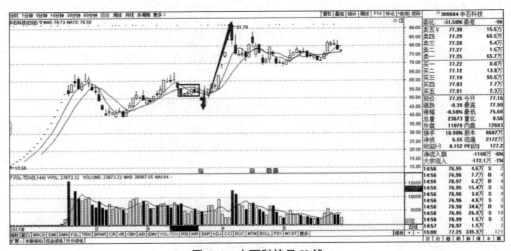

图 6-1　中石科技日 K 线

中石科技是 2017 年 12 月 27 日上市的次新股，股价于 1 月 29 日达到 64.48 元以后，便出现了一波回落，1 月 31 日到 2 月 6 日出现了一波 5 周期下跌，2 月 7 日到 2 月 12 日出现了一波四周期上涨，2 月 13 日出现中心位破四周期现象，尾盘大跌 8.28 元，我们分别来计算一下之前 4 天的中心位价格，2 月 7 日中心位是 42.48 元，2 月 8 日的中心位是 41.54 元，2 月 9 日的价格是 40.63 元，2 月 12 日的中心位价格是 42.96 元，而 2 月 13 日尾盘收于 39.55 元，全部打破了前 4 天上涨四周期的中心位，主力洗盘成功，关键是 2 月 14 日那一天，中石科技高开 1.09%，9 点 45 分达到最高价 41.19 元，然后横盘回落，10 点钟开始拉升直至涨停价 43.51 元，而 2 月 13 日的中心位价格是 41.175 元。我们发现中石科技 9 点 45 分达到的 41.19 元的价格其实就是 2 月 13 日中心位的价格，随后在 15 天之内股价上涨了接近 50%，由此可见中心位战法是一种典型的抄底战法，第一，要上涨四周期中心位温和上涨，第二，一个阴 K 打破四周期的中心位，最后阳 K 拉起突破阴 K 的中心位线，出现一波四周期后，一波大行情显现。

第三节　一炷香——必创科技

必创科技的上涨特点：股价一直在 20 日均线上方横盘态势，突然下跌，但

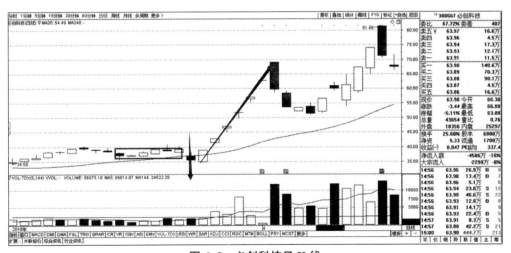

图 6-2　必创科技日 K 线

是留有较长的上影线，股价开始暴跌，就好像一炷香一样，随后股价开始反弹。是中心位战法经典个股。

必创科技是 2017 年 6 月 19 日上市的次新股，股价在 2017 年的 8 月 14 日和 2017 年 11 月 9 日有过一波翻倍的上涨，股价从 30 元一下涨到 57.18 元，经历了 4 个月的调整后，股价走到 37 元附近，并且成功地站在了 20 日均线之上，我们从 3 月 15 日开始看，必创科技 3 月 15 日打到最低点 35.53 元以后企稳反弹，3 月 16 日收平，3 月 19 日开始反弹，收盘上涨 3.19%，当天中心位为 37.62 元。3 月 20 日该股继续大涨 2.75%，收盘位于 39.2 元，当日中心位为 38.47 元。3 月 21 日股价冲高回落，收盘下跌 1.53%，3 月 21 日中心位为 38.97 元。3 月 22 日 5 日均线与 10 日均线是金叉状态，均线上进行一次诱多，收盘上涨 1.5%，当日的中心位是 38.74 元。3 月 23 日收到外围股市暴跌的影响，大盘暴跌 110 点，必创科技也未能幸免，3 月 23 日大跌 9.55%，主力成功地借势打压，尾盘收于 36.22 元，当日的中心位是 36.22 元。然而第二天，大盘开始企稳反弹的时候必创科技大幅上涨，先是开盘 2 分钟就把价格打压到 36.20 元附近，然后在 10 点 30 分就封死涨停板，中心位战法成立。接下来连续拉升了 5 个涨停板，最高到 69.07 元，可见中心位战法是做到连板的绝密武器，同时由于必创科技是创业板股票，同时期创业板的走势明显强于主板走势，最终才爆发了必创科技这只大牛股。

第四节　游资提款机——万兴科技

万兴科技的上涨特点：股价一直在 20 日均线上方处于横盘态势，以跌停的形式突破 20 日均线，又以涨停的形式突破 20 日均线，开始了快速反弹的态势，这是典型游资炒作的手法。

接下来我们不得不讲一下 2018 年一个有名的叫万兴科技的个股。通过对万兴科技的分析看一下中心位战法是如何发挥神奇的作用的。万兴科技在 2018 年 1 月 18 日上市，2 月 1 日涨到最高 62 元左右，随后开始回落。在 2 月 7~12 日开始反弹，4 天上涨近 50% 左右。随后在 2 月 13 日开始暴跌，收盘跌幅达到 10%，而当时的大盘基本也没有跌。2 月 14 日万兴科技低开一个小时也没有突破前一

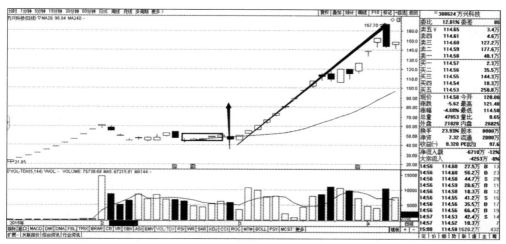

图 6-3　万兴科技日 K 线

天的中心位。随后大盘继续上涨，万兴科技从 2 月 22~27 日又出现 4 个上涨周期。而同期大盘也在上涨。但是 2 月 28 日万兴科技又开始大幅下跌。但是当时的创业板指数还上涨 58%。而万兴科技却和指数呈现相反的方向，万兴科技尾盘并没有跌停。这足以说明主力是在洗盘。3 月 1 日的走势与 2 月 14 日的走势完全不同，1 个小时以内股价立即突破昨天的中心位，收盘牢牢地封死涨停，中心位战法成立。

第五节　铁掌水上漂——兆日科技

兆日科技的上涨特点：股价一直在 20 日均线上方横盘态势，和 20 日均线之间有脱离，但是股价还没有大涨，股价突然跌破 20 日均线，然后再快速反弹起来。

兆日科技是 2012 年 6 月 28 日上市的老股票，股价在 2015 年 6 月 4 日的 60.48 元见顶，到 2018 年 2 月 7 日见到低点 6.46 元。从 2 月 7 日到 3 月 1 日，经过 11 天的小幅度上涨后成功站上 20 日均线，然后是四周期（3 月 2 日至 3 月 7 日）的横盘，接着是四周期上涨（3 月 8 日至 3 月 13 日）见到短期高点。接下来是七周期不破新高的横盘（3 月 14 日至 3 月 22 日），在 3 月 23 日创业板指数

图 6-4　兆日科技日 K 线

暴跌 5.02%，主力顺势洗盘，在 14 点 13 分初次触摸跌停价，但始终没有封死，收盘时跌停 9.95%，收盘价在 7.33 元，打爆前面 18 根 K 线的中心位。次日顺势低开，并在 9 点 38 分达到最低价 7.07 元，然后开始呈推土机状稳步反弹。经过六周期的上涨（3 月 26 日至 4 月 2 日）后又经过四周期（4 月 3 日至 4 月 10 日）的缓跌，于 4 月 10 日收盘 8.15 元，跌破四周期线。4 月 10 日小阴线中心位 8.29 元。4 月 12 日高开 0.12%，收盘 8.5 元，重新站上四周期线，进入了四周期（4 月 11 日至 4 月 16 日）的上涨，这四天的中心位分别是 8.33 元、8.57 元、8.76 元、9.04 元，在 4 月 17 日创业板指数暴跌 2.99%，主力再次洗盘，收盘 8.3 元打爆前期四个 K 线中心位，在 4 月 18 日高开 2.17%，在 9 点 32 分涨到 8.65 元（涨幅 4.22%），在 9 点 45 分一笔 3900 多万元的大单封死涨停板，随后进入涨停板模式。

第六节　医药大生意——九典制药

九典制药的上涨特点：股价一直在 20 日均线上方横盘态势，20 日均线形成小圆弧底，股价回落到 20 日均线，然后开始发动行情。

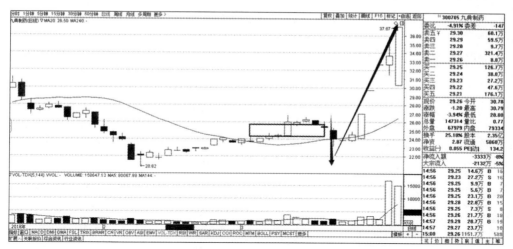

图 6-5　九典制药日 K 线

　　九典制药是 2017 年 10 月 10 日上市的次新股，在 2017 年 11 月 14 日见到阶段性高点 40.34 元以后开始了将近三个月的调整，在 2018 年 2 月 7 日见到低点 20.82 元，然后就是 16 周期（2 月 8 日至 3 月 8 日）的小阴小阳修复，并且站上四周期线，并于 3 月 8 日创出阶段性高点 26.8 元，随后进入四周期横盘（3 月 9 日至 3 月 14 日），并在 3 月 15 日暴跌 5.29%（收盘 24.01 元）打爆前面 7 天（3 月 6 日至 3 月 14 日）的中心位（24.21 元、24.54 元、25.19 元、25.85 元、26.44 元、25.92 元、25.79 元），当日创业板探底回升收阳线，主力做出探底回升阴锤子，看似弱于大盘，其实能量无穷。在 3 月 16 日低开缩量企稳，做了腰带线（中心位 24.07 元），3 月 19 日高开 0.04%，收盘 24.54 元（2.76%）并站上 20 日线（中心位 24.21 元）。3 月 20 日低开 1.79%（24.1 元），在 9 点 33 分打到 24.35 元，9 点 43 分封死涨停板。

第七节　盘龙升天——盘龙药业

　　盘龙药业的上涨特点：股价一直在 20 日均线上方横盘上涨，同时用涨停板的形式脱离 20 日均线，20 日均线形成小圆弧走势，股价在 20 日均线之上维持

10 天以上，最后跌破 20 日均线，行情启动。

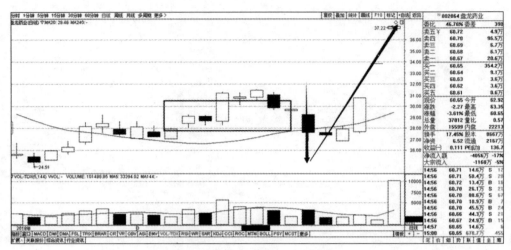

图 6-6　盘龙药业日 K 线

　　盘龙药业是 2017 年 11 月 16 日上市的次新股，在 2017 年 12 月 4 日见阶段性高点 36.08 元以后做了个圆弧（2017 年 12 月 4 日至 2018 年 1 月 11 日），然后在 2 月 7 日见低点 22.8 元，随后经过 19 天（2 月 7 日至 3 月 12 日）的小阴小阳上涨后进入四周期（3 月 13 日至 3 月 16 日）回调，在 3 月 15 日暴跌，打爆前面 7 个中心位，且跌破四周期线，3 月 16 日高开 0.18%，阴线孕线（中心位 27.87 元）。3 月 19 日低开，腰带线，收于 27.96 元，打爆前一天中心位（3 月 19 日中心位 27.41 元）。3 月 20 日低开 0.93%（27.7 元），在 9 点 38 分放量 1372 万元封死涨停板，随后成妖。

第八节　宝刀出鞘——华锋股份

　　华锋股份的上涨特点：股价一直在 20 日均线上方横盘态势，维持 30 个交易日左右，和 20 日均线高度纠缠，然后突然跌破 20 日均线，又突然高开以突破 20 日均线的方式涨停。

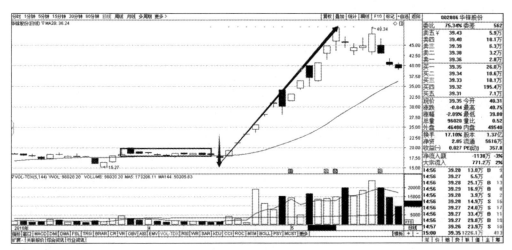

图 6-7　华锋股份日 K 线

　　华锋股份 2016 年 7 月 26 日上市的新股，2016 年 8 月 26 日见顶以来一路震荡下跌，到 2018 年 2 月 7 日见底，随后进入一个 19 天的小碎步蓄势（2 月 7 日至 3 月 12 日），随后是 8 周期的横盘（3 月 13 日至 3 月 22 日），在 3 月 23 日中小板指暴跌 4.09% 收出螺旋桨 K 线，主力顺势洗盘，砸到跌停 16.05 元，打爆前面 24 根 K 线的中心位。但是看似是跌停，其实并没有封死，意在洗盘。3 月 23 日中心位 16.73 元，3.26 顺势低开高走，呈现推土机形态小方块（中心位 15.82 元），3 月 24 日高开 1.35%，并在下午涨停（中心位 17.27 元），收复失地，并站上四周期线。随后是 11 周期的横盘（3 月 28 日至 4 月 13 日），并在 4 月 16 日暴跌 3.9%（17.5 元），打爆之前横盘 11 天的中心位。同期中小板指微跌 0.43%。4.17 中小板指暴跌 3.02%，华锋股份高开 2.29%，借助冲击四周期线的冲劲，在 10 点 47 分用 1940 万元逆势封上涨停板，随后进入连板。

　　以上是相对狭义的中心位战法，广义的中心位战法实际上可以分为两大类，一类是死叉中心位，一类是通气中心位，相对于狭义中心位战法，广义中心位战法涨幅没有那么大，但是其应用却是相当广泛，广义中心位的运用在下面的章节中我会详细描述。

第九节　定海神针——路通视讯

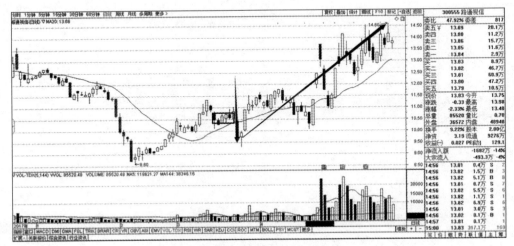

图 6-8　路通视讯日 K 线

　　下面我们来看一只叫路通视讯的股票，根据这只股票我们对广义中心位战法进行初步的理解，广义中心位战法在具体的股票的运用当中，可能没有像狭义的中心位战法那样对技术形态有比较高的要求，但是它可以成为一个买卖的非常精准的一个交易信号，具有普遍适用性。中心位广义战法中的死叉行为，就是专门做死叉。这个死叉行为是经历了前面一个波段的上涨以后股价开始出现的死叉，但是 5 日均线和 10 日均线之间的死叉有一个背离的过程，比方说我们可以看到路通视讯在 2018 年的 2 月开始，就出现一波上涨，最高涨到 3 月 13 日的 11.35 元以后股价开始出现回落。这个时候它进行着一个广义中心位死叉的战法，股价开始最低达到 10.11 元然后企稳。股价在 2018 年的 3 月 20 日又开始出现死叉，同时用阳 K 打出一个死结。这个时候我们发现 10 日均线在继续往上涨而 5 日均线已经开始拐头向下。2008 年 3 月 20 日 10 日均线价格是 10.62 元，3 月 21 日 10 日均线的价格是 10.68 元。3 月 22 日 10 日均线的价格是 10.73 元。5 日均线呈现顺势往下同时上钩的过程，这个位置是一个非常重要的压力位，股价开始在这个地方做出欲金叉的动作，但是没有成功，我们看到在这个中心位战当中，其实就是在描述对称反弹战法以后失败的一个过程。我们在赣锋锂业上面会看到由于同位性战法的原因，对称反弹战法在前面一波过程当中会出现一个失败的案例。这是由于上方的颈线位做出欲金叉而不能金叉的一种K线技术状态，这个时候就是我们讲的中心位战法。从路通视讯上来看，这里面就是死叉以后产生两个背离，但10日均线仍然往上走，股价的开盘或者股价的收盘或者股票的最高价会穿过10日均线上拉，同时5日均线呈现出下跌同时又是上钩的过程，但是在技术上面做出一种欲金叉的状态，但是往往是失败的，这个时候预示着大盘将会有一次暴跌。暴跌以后产生出来的中心位战法的效果是低开，直接击穿前面四个K线的中心位。比方说3月23日，大盘指数下跌110点，这个时候路通视讯接近跌停，在一个交易日击穿了8天内最低的一个价格，2013年3月15日的最低价11.11元。呈现一阴破6阳的中心位的技术特征，同时股价开始出现一个微微的缩量过程。因为死叉中心位战法仍然是一种下跌法，而下跌法和我们的同位性战法是保持一致的。我们看路通视讯在2018年的3月1日，成交量最高到达3540万元，那一天的最低价是9.8元。这和上一次2018年的3月15日最低达到10.11元的价格区间是同一个，这在同位性战法中叫做遥相呼应，股价在3月23日达到9.76元，能达到这个位置显然是在情理之中的。那么从中心位战法看来，第二天将是一个价格角逐的关键。而第二天的情况，又分很多种。从第二天的走势来看，有高低开的情况、击穿前面一根K线中心位的情况和跳空情况。不同情况分别决定了不一样的交易策略和方法。比方说路通视讯在3月23日接近跌停的一个状态之后，3月26日个股普遍在指数的带动之下进行了反弹，3月26日路通视讯低开最低达到9.31元，且并没有出现一个高开的过程，同时也没有出现一个击穿前面中心位的过程，但是它出现了企稳的一个信号。这个企稳的信号里面有一个隐藏的对称反弹战法。我们可以细细地来看一下，在3月22日最低是10.45元，3月21日最低是10.48元，3月23日最低是9.76元，3月26日最低是9.31元，连续四天是对称反弹战法当中的前一半过程。对称反弹战法的运用我们会在赣锋锂业进行详细讲解。对称反弹战法失败一次以后将会进行第二次对称反弹战法的实施。我们结合着同位性战法，完全可以在3月27日进行布局。为什么要在3月27日进行布局？首先，3月27日有一个明显的高开行为。在3月26日没有出现高开、没有出现击穿前面这根K线的中心位的情况之下，在3月27日出现了一个高开。而且非常快速地击穿了前面的中心位。股价迅速地击穿 10.11 元的中心位的价格，所以产生的是一个涨停板。3 月 27 日收盘 10.91 元，大涨 9.98%。3 月 28 日顺势再往上冲高，收盘大涨 2.29%，这个过程当中是第二次进行金叉成功。在这个过程中我们研究的是中心位战法下跌以后所产生的反弹。所以我们在这个中心位当中的这个总结为，5 日均线和 10 日均线进行高位颈线位处的死叉，同时出现背离股价，带动 10 日均线进行继续拉升，5 日均线进行缓慢滑落出现上钩，最后由于指数的配合出现暴跌，出现一阴穿三阳到 6 阳的一种极端情况，那么在接下来的一天就是我们中心位战法所要进行的一个布局。这里面有三点，第一点，如果出现高开就是进场的机会；第二点，如果出现打破中心位是第二种进场的机会；第三点，如果强度比较大，就像华峰股份一样，它出现的是一个高开的价格，在前一天阴 K 线的开盘附近，那就是一个跳空战法，力量更大，获利更丰厚。

第十节　饶恕跌停——兴业股份

兴业股份上涨的特点：股价一直在 20 日均线上方横盘态势，突然跌破 20 日均线，但是并没有封死跌停，随后股价开始反弹回 20 日均线。

图 6-9　兴业股份日 K 线

　　第二个我们再来看兴业股份（603928）这只股票的中心位死叉战法。同样，这个股价是在 2018 年 2 月份开始出现一个缓慢上涨，到达了最高价 3 月 2 日的14.8 元以后开始出现一个震荡。我们可以观察在 2018 年 3 月 8 日、3 月 9 日、3月 12 日期间，股价在 5 日均线和 10 日均线间并没有表现出死叉，而是呈现着 5日均线在上、10 日均线在下的一种格局，这个我们会想到这是一种通气中心位战法，这个我们在下面会进行详细的论述。兴业股份通过 3 月 13 日、3 月 14 日、3月 15 日三天的下跌击穿了前面的最低价 14.05 元，然后出现反弹，但这个不算中心位死叉战法。中心位死叉战法是出现在 3 月 19 日那一天，3 月 19 日真正出现了一个 5 日均线和 10 日均线进行死叉的一个结，均线死叉的时候 K 线的收盘是个阳 K 线。同时我们发现在多数的中心位死叉战法里边用阳 K 进行 5 日均线和10 日均线的打结，这是一个非常重要的信号。接下来股价在 5 日均线和 10 日均线之间开始之间进行一个横盘震荡。10 日均线我们看到，3 月 19 日 10 日均线价格是 14.31 元，3 月 20 日的 10 日均线价格是 14.32 元，3 月 21 日的 10 日均线价格是 14.33 元。3 月 22 日的 10 日均线的收盘价是 14.34 元，它每天表现出上涨一分。但是同时我们可以观察它 5 日均线的变化，5 日均线 3 月 19 日价格 14.29 元，3 月 24 日 5 日均线的价格是 14.24 元，3 月 21 日 5 日均线的价格是 14.23 元，3月 22 日 5 日均线价格出现小勾头 14.29 元。最后我们看到 K 线呈现出 5 日均线和10 日均线之间的填满过程。这个表明中心位死叉战法的来临。中心位死叉战法在3 月 23 日起作用，这一天的一个下跌击穿了前面六天的小震荡的平台。出现跌停的走势，但是并没有封死跌停板，这是一个非常关键的信号。这种情况之下指数和个股出现了共振向下，但是中心位战法提示的是一个死叉买进的反向信号，我们看 3 月 26 日，股价出现一个低开然后往上涨的过程，同时从 3 月 21 日到 3 月26 日这四天期间仍然是对称反弹战法的一半。那么我们看到后期的股价在 3 月 27日同样在跳动的情况之下开始了一波比较温柔的上涨。回过头来看，中心位的死叉战法，在 3 月 26 日就是一个买进的机会。但是我们可以看到它的涨幅并不是很大、上涨并不是很快、收益并不是很高，所以这是一种普遍的规律。有一些股票，如果技术特征做得比较好的话可能会出现比较快速的上涨，涨停板发生的概率比较大，但是一批比较弱的票，可能没有涨停板，但是同样表现出的是一个波段多头。然后到达 4 月 3 日股价出现最高点以后开始回落。同时我们可以看到这一波仍然是一个漫长波动。等于说在前方，在 3 月 22 日它准备进行金叉，但欲金叉而不能，失败的情况之下，在 4 天以后再次开始出现金叉且最后金叉成功的一种现象，所以这是金叉成功的延续的一种技术特征。在这个过程当中，也就是说在死叉又金叉，死叉中心位战法以后就是一个布局进场的机会。

第十一节　打洞机——贝斯特

贝斯特上涨的特点：股价一直在 20 日均线下方呈现下跌态势，股价刚回到 20 日均线，受到压力，大幅下跌，呈现不断穿新低的过程，创新低以后才开始反弹。

图 6-10　贝斯特日 K 线

我们来看贝斯特，贝斯特这只股票是一只次新股，这只次新股在 3 月 26 日之前是不断地在创新低的过程，我们发现在 3 月 20 日左右。股价它呈现出的一个状态是金叉了，以后又开始出现非常短的一个死叉过程，我们可以看到在 3 月 19 日、3 月 20 日、3 月 21 日、3 月 22 日这 4 天时间里，股价的 10 日均线在往上涨，而 5 日均线在往下跌，股价在 5 日均线和 10 日均线之间进行一个撑开。但是贝斯特这个股票并没有很好地形成一波上涨趋势。从 2018 年的 3 月 2 日达到 19.2 元的一个新低以后，这个股价仍然呈现的是一个探底的过程，它暂时无法形成上涨趋势。像这种情况它属于不断创新低的过程。我们来看一看死叉的中心位战法有没有效。3月23日股价开始出现了暴跌，它击穿的不仅仅是前面六个K线的平台和中心位而是整个大平台，它创造的是一个历史新低。但是在这种情况之下股价开始了一个反弹的一个过程，3月26日，股价最低达到16.76元。低开有一个再次往下杀的过程，同时股价并没有翻红。收盘的时候是下跌0.7%，那么这个过程是不是一个探底的信号呢？从后面10天左右的上涨来看它们仍然是一个探底的信号，股价就是一种再次回到3月22日的收盘价的过程，股价为20.14元。换句话说是对于3月23日、3月26日的暴跌的一个反应。市场是不理性的，但将会回归到理性的一个范围。那它怎么样才能去做到呢？因为它没有趋势只能够往下打。同时它回归的价格不一定能够再次创出一个历史性的新高，可能就只能在3月22日主力收盘的位置，它会再次受到压力。但是我们可以看到中心位死叉战法在上涨趋势、横盘趋势的票以及下跌趋势的票上都有着广泛的应用。所以我们可以说中心位死叉战法是股票触底反弹必然经历的过程。

第十二节　低头捡元宝——先锋电子

我们看先锋电子，这只股票和贝斯特比起来它的趋势要稳健的多，从2月

图6-11　先锋电子日K线

14 日 5 日均线和 10 日均线金叉以后它就一直开始。维护着 5 日均线和 10 日均线之间的一个通道，最后在 3 月 12 日达到最高的 20.46 元。然后开始出现回落，期间，我们可以看到在 2 月 27 日出现了一个阶段性的放量过程，尾盘爆拉收盘上涨 4.72%。这可以参考同位性战法，也就是说 2 月 27 日最低价 7.18 元是同位性战法的一个参考股价。达到 3 月 12 日最高价以后 3 月 13 日开始回落。我们仍然发现 5 日均线和 10 日均线金叉和死叉的信号。3 月 19 日 5 日均线和 10 日均线死叉，期间用跳空的纺锤线打死叉结，最低达到 17.95 元。然后股价在 3 月 21 日继续出现一个回落，但是 10 日均线继续往上，涨到 18.65 元。5 日均线开始回落到 18.38 元。到 3 月 22 日 10 日均线继续上涨，达到 18.68 元，5 日均线继续下跌但同时出现了一个反钩，达到 18.45 元。最后在 3 月 23 日出现暴跌，中心位战法成功击穿前面的中心位平台，死叉中心位战法仍然表现出反弹的一个趋势，股价从最低日 3 月 16 日上涨到 4 月 3 日。我们还发现一个关于中心位死叉战法的细节，如果我们再把目光放到 3 月 27 日那一天同位性战法中战法的那个区域，我们发现其实就是对同位性战法那个区间 3 月 26 日、3 月 27 日、3 月 28 日的小区域一个反映。在同位性战法中，我们以前考虑的是最低价。但是在中心位置当中我们可以看到同位性战法。在 3 月 27 日达到 17.18 元以后开始出现了拉伸到 19.18 元的最高价。这也是未来中心位置死叉战法的一个重要的压力上轨。3 月 20 日股价最高达到 19.20 元，跟 19.18 元相差两分，这是它整个中心位战法的上轨区间，我们以前研究的是中心位战法的下轨支撑。在技术上面我们可以明显看到这是一个左肩和右肩的一个对称形态，我们经常讲的对称，其实这个就是一个非常明显的特征。先锋电子在出现了这种特征以后就算是 3 月 23 日打开跌停它仍然表现出一种反弹的需要，这个就是交易的一个机会，虽然我们现在同时在分析 3 月 23 日左右的暴跌行情所产生的交易性的机会，但是这种技术具有广泛的普遍性，所以我们也把它称为广义中心位战法，具有普遍适用性。

第十三节　神秘东方——东方嘉盛

图 6-12　东方嘉盛日 K 线

我们在上一个股票先锋电子的研究以后，发现同位性战法如果改成同位性区间战法，将会和中心位战法进行非常完美的配合。我们看东方嘉盛这只股票，这只股票在 2018 年 2 月份以后的一种表现就是一个非常典型的特征。从 2 月 20 日开始上涨到 3 月 14 日的最高价。股价在 5 日均线和 10 日均线之间进行多头的排列，气流通畅。同时左侧我们看到同位性战法最低有一个 25.01 元，同时这里还有一个跳空缺口，这个跳空缺口是在 24.5 元附近。这是一个下轨，那么上轨在哪里呢？上轨是我们第一次在同位性区间战法中讲到，同位性战法中多了一个上轨的压力，这个上轨就是在 3 月 1 日的 26.99 元，我们把它可以看成是 27 元。27 元是整个同位性战法所能够达到的极限。后期我们将观察到 3 月 13 日、3 月 14 日、3 月 15 日这三天开始出现对称反弹战法的一半。3 月 12 日最低 27.17 元，3 月 13 日最低 26.65 元，3 月 14 日最低 26.46 元，3 月 15 日达到最低 25.06 元，其后开始出现对称反弹战法的另一半。从 3 月 19 日、3 月 20 日、3 月 21 日、3 月 22 日四天开始出现股价上涨的态势，这是一个非常重要的信号。因为在 3 月 16 日它出现的是一个死叉中心位战法。死叉中心位战法以后股价必然会是在对称反弹战法的掩护之下进行欲金叉的一种战略准备，但是欲金叉并不能代表真正的金叉。真正的金叉必须要有效地做出 5 日均线和 10 日均线之间金叉的确定，而不是出现镂空的现象。在 3 月 19 日 10 日均线的价格是 26.51 元。3 月 20 日的时候对称反弹战法从 26.24 元开始出现一个反弹。3 月 20 日达到 26.25 元，3 月 21 日又再次出现回落，达到 26.18 元。3 月 22 日准备做欲金叉的动作，5 日均线达到 26.51 元，但是并没有击穿 10 日均线，这个时候指数开始暴跌。东方嘉盛牢牢地封死在跌停板上收盘，价格是 24.56 元。那一天击穿的是前面所有平台的中心位，同时打到同位性战法的价格区间。3 月 26 日股价开始触底反弹，3 月 27 日开始高开，随后股价出现一波上涨，最高涨到 4 月 9 日的 29.55 元。这一波上涨，我们可以看到涨幅比较小，上涨的时间比较长，是一波非常漫长的行为，为后期的大涨做准备。中心位战法在前面一个波段当中表现出来的是一波漫长的行为，因此东方嘉盛出现的是一个普遍的弱反弹的特征，这和后面的上涨是不一样的，但同时为后期的大涨做出了非常充分的铺垫和准备工作。

第十四节　扁担挑出金元宝——华通医药

华通医药上涨的特点：股价一直在 20 日均线上方横盘上涨，呈现出连续拉

图 6-13　华通医药日 K 线

升 5 到 6 根阳 K 线，随后一个阴 K 完全跌破 20 日均线，股价又开始快速反弹起来。

最后我们来看一下叫华通医药的股票，它是为数不多的死叉中心位战法以后出现一个暴涨的股票。我们来看，同样经历的 3 月份的一个暴跌，从 2 月 23 日开始股价一直在往上涨，涨得最高是在 3 月 8 日，涨到 9.59 元。放量收盘涨幅 5.13%，以后开始出现震荡横盘的状态，在这个过程中我们可以首先确定它的同位性战法的下轨。同位性战法中战法的下轨应该是在 3 月 8 日最低价 8.75 元附近。这个同位性战法中战法很特殊，它特殊的原因是它的位置以及所表现出的 K 线形态是一日单顶的打法，通过一天时间打到的是整个同位性战法中的阶段性的上轨，达到 9.59 元，同时也是这一个小波段最高的价格。而且它又是处于阶段的顶部，而不是中间的位置，这种 K 线特征在后期的过程当中会出现一个比较长时间的顶部的横盘状态，这个顶部的横盘状态，我们在后面几天就发现了，3 月 9 日不创新高，3 月 12 日不创新高，3 月 13 日也创不了新高，然后开始出现回落。回落了以后在 3 月 15 日并没有出现一个死叉，但股价已经连续下跌三天了。3 月 19 日股价开始出现死叉行为，但是这个时候的死叉是用阳 K 线的。10 日均线的价格是 9.03 元。但是当时开盘是 9.05 元，收盘上涨 1.2% 最高达到 9.21 元。在第二天就表现出一个死叉，5 日均线是 9.07 元，10 日均线价格是 9.09 元。股价确实在死叉，但是价格仍然在往上涨，这个在对称反弹战法中是第二个阶段，这个华通医药很有意思，它在这个过程当中用每一个 K 线封闭着 5 日均线和 10 日均线之间狭小的距离，而且在不断地创新高，最高那天是在 3 月 21 日的 9.44 元。但是它没有办法创出整个中心位区间战法的上轨 9.59 元，它突破不了就因为它是死叉以后的一种行为，属于死叉中心位战法，它不可能突破 9.59 元的最高价。所以这个时候应该积极地等待股价的回落，出现中心位战法。3 月 22 日 10 日均线和 5 日均线仍然纠结在一起，不能有效分开，但是股价开始缩量，开始出现了一个打到 5 日均线和 10 日均线下方的纺锤线。3 月 23 日股价开始暴跌，出现了真正意义上的中心位打爆行为。这个时候华通医药开始打低，已经击穿了 8.75 元这个位置。因为在前期的过程当中它最高价打下来的是 9.44 元，也就是说它上轨应该来说是集中在 9.5 元附近。但打下来的深度显然是远远超出它的下轨 8.75 元的价格，甚至是要打到 2 月 26 日的一个启动价最低 8.28 元。在 3 月 26 日以后最低达到 8.1 元，但是从技术上的形态看这是一个企稳的信号，要积极开始布局。虽然它在第二天并没有表现出一个强劲的高开和冲过中心位甚至是击穿中心的行为。但是在 3 月 27 日出现一个高开，大幅上涨 6.11%。也就是说在 3 月 26 日股价就已经开始企稳，那么在这个时候就已经开始进行积极布局。在 3 月 27 日股价跳空向上就要开始第二次布局，股价击穿前面 3 月 23 日中心位的时候就要第三次布局，股价如果突破 3 月 23 日开盘的时候就要进行第四次布局。最终把股价送高再次出现金叉行为。华通医药在这次的上涨当中是表现为数不多的以后期两个涨停、一个高开的形式上涨的。在技术上面，我们可以看到这个不多见。这种技术特征，跟它前期的横盘整理的一种状态及最后打到 3 月 8 日的快速拉升是有着必然的关系。因为我们在对称战法当中曾经讲到过。对称是市场的一种普遍规律和行为特征。它左边的行为，往往预示着后边交易的情况。所以在这个地方，我们应该看到华通医药的上涨是由于它左边同位性战法中战法的特殊性以及中心位战法的特殊性，它是用跳空高开打这个死结的，均线粘连的程度比一般的股票要高。在这种情况下它发生涨停的概率是非常大的，这就是华通医药里死叉中心位战法的描述。后期显然在一个月之内股价都没有出现一个比较像样的涨停，直到 5 月 8 日大涨。我们在这里总结一下死叉中心位战法的五个要点：第一，要有一个死叉以后的 5 日均线和 10 日均线之间背离的状态。第二，要参考同位性的下轨和同位性的上轨，我们也叫同位性区间战法。第三，要去观察在死叉以后均线黏连的程度和形态特征。第四，要积极地等待市场暴跌击穿中心位。第五，在击穿中心位以后就开始进行积极的布局，因为这个具有普遍性。其中，高开以后同样进行布局。跳空甚至可以进行全仓的布局，因为它的能量会更大，这个就是它中心位的一个特征和技术要点。

第十五节　最后的烟囱道——奥特迅

奥特迅上涨的特点：股价处于一波上升通道的顶端，5 日均线和 10 日均线不封闭，股价没有大涨，突然大跌，跌破 5 日均线和 10 日均线，跌穿前方 5 到 10 根 K 线，又快速反弹起来，形成最后的顶部。

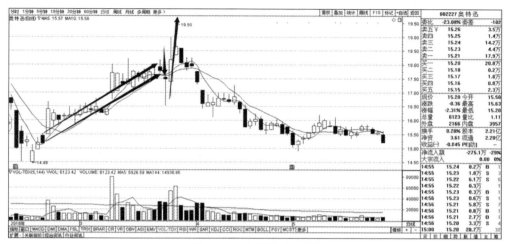

图 6-14 奥特迅日 K 线

我们继续来看一只股票叫奥特迅。奥特迅在 3 月 23 日大盘暴跌的那次过程中表现出了类似于中心位通气战法的特征。我们观察，最后的一个阶段，在 3 月 23 日，奥特迅在外面维持着 5 日均线和 10 日均线的一个做多的多头排列以后。在 3 月 23 日开始出现暴跌，暴跌以后在尾盘又进行成功的拉起。但是在这个 K 线形态上很明显地表现出来一个阴 K 完全击穿前面多个阳 K 或者说是系列的中心位的一种特征。但是均线并没有死叉，5 日均线的价格是 17.64 元，10 日均线的价格是 17.6 元，在这个过程当中仍然表现出来打法是低开，然后开盘就击破 5 日均线和 10 日均线的价格。但是第二天 3 月 26 日股价快速上涨，在打到 17.4 元的价格以后开始出现快速拉升，击穿了前面一天的中心位。接下来两天之内最高达到 19.5 元。虽然在这个位置并没有出现一个四周期的上升，但是价格上面波动是非常巨大的，给短线交易提供了获利的空间。我们在这个过程当中可以看到，因为这一个是在颈线位平台的位置进行的交易，所以这个交易的战法应该来说是通气中心位的一个特征，基本上最后一波都是打顶的过程，包括我们前面看到，东方嘉盛在 4 个周期或者说是 4 个周期时间到达了以后，这个时间段就会出现最高的价格。所以通气中心位战法投资者朋友们在运用的时候要注意自己所处的位置一定是在阶段性的高位，而且要表现出 5 日均线和 10 日均线之间通气不封死的一个特征。

第十六节　通道清洁工——利尔化学

利尔化学的上涨特点：股价在一波上涨中继部位，5 日均线和 10 日均线通道健康向上，股价突然下跌，封闭通道，然后又突然大涨，创出新高，呈现出加速上涨的态势。

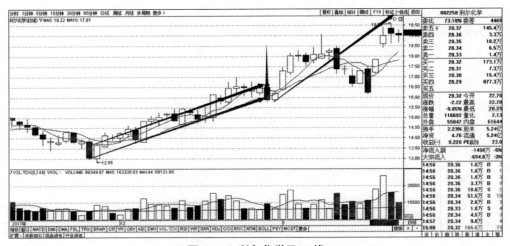

图 6-15　利尔化学日 K 线

我们来看一下 2017 年利尔化学的走势，应该说是 2017 年度当中比较牛的一只股票。我们选取它在 12 月份的那个阶段的上升趋势当中一个中心位的通气战法。我们看到我们选取的时间点是 2017 年的 12 月 28 日。在 2017 年 12 月 28 日之前我们进行观察，发现利尔化学经历了一波慢牛的过程，股价从最低点 8.42 元一波涨到最高点 15.39 元，接近翻倍了以后又经历了回调，回调到最低 11.15 元。在 2017 年的 6 月 2 日以后再次出现一波上涨。这波上涨了它分为三个阶段：第一阶段是从 2017 年的 6 月份到 2017 年的 7 月下旬；第二阶段是从 2017 年的 9 月份到 2017 年的 11 月份；第三阶段是从 2017 年的 11 月份开始到 2018 年的 3 月份，那么，我们看它最后一波上涨是如何在上涨的趋势中去发现和捕捉通气中心位战法的这个特征的。我们可以看到在 2017 年的 11 月 28 日出现最低 12.85

元以后股价就开始了一个金叉的过程，在我们纠缠战法当中曾经讲到股价经历纠缠战法势必要经历一次跷跷板行为。这个跷跷板行为发生在 12 月 6 日，同时我们先来观察一下这个金叉是用什么进行打结的，在 12 月 1 日股价进行的是一个跳空上拉的过程。然后出现二线结构，12 月 4 日继续往上上涨 1.55%。这个金叉算是非常成功，接下来在 12 月 5 日最低跌到 13.8，股价在 10 日均线 13.94 元的位置企稳，最近洗碗收盘在 13.92 元。我们在讲纠缠战法当中的一个非常重要的注意事项，就是股价在 10 日均线附近进行企稳。第二天 12 月 6 日股价开始大涨 6.68%，这个是对前一天下跌 3.67% 的一个反应，接下来股价开始比较缓慢地围绕在 5 日均线和 10 日均线之间进行不断地纠缠上涨，一直涨到 2017 年 12 月 22 日，它涨到 16.99 元。以后股价开始出现横盘震荡的一种状态，但是股价仍然是在 5 日均线上方进行运动。12 月 25 日收盘 16.47 元，5 日均线 16.29 元。12 月 26 日收盘 16.43 元，5 日均线 16.34 元。12 月 27 日收盘 16.55 元，5 日均线是 16.49 元。均表现出在 5 日均线上涨企稳的态势，但是 12 月 28 日开始出现阴 K 线先从 5 日均线上方下穿 5 日均线再下穿 10 日均线，最后跌破实现，它只用了一天的时间。而且最后的收盘是收在 10 日均线的下方 15.80 元实现的价格是 16.03 元。这个时候就是我们所讲究的通气中心位战法的一个重要特征，即瞬间闭气的要求。但是 5 日均线和 10 日均线仍然在向上运动，通过 10 日均线我们可以看到继续每天保持着一个上涨的态势，这样的一种方法和前方是略有不同的。尽管我们观察到在 2017 年 12 月 12 日，同时也是表现出来一个阴 K 下跌 2.37%，但是它达不到瞬间闭气、击穿三天到四天的中心位的要求，所以不构成通气战法。在 12 月 15 日同样也经历了一次下跌，但是并没有瞬间击穿它的中心位。因为前方有一个最低的价格是在 14.65 元。在 12 月 13 日的时候股价大幅上涨 4.1%，这个时候中心会出现快速的拉升是很难得到快速打压的，所以这个时候它并不构成已经击穿多个中心位甚至是击穿前方多个中心的要求。虽然在 240 日均线上面表现出了一个闭气，当然我们也不可以排除它后面 12 月 18 日和 12 月 19 日这样一种态势，但是我们认为这并不是一个比较标准的中心位打爆的过程。股价在 5 日均线上方无力进行横盘整理，但是 10 日均线进行惯性上冲。小纺锤线的特征，这个时候就是我们中心位通气战法的特点。这个时候我们要看它的 K 线情况，K 线仍然会出现反弹或者上涨的概率，因为 10 日均线还在进行上涨。不管是在 12 月 29 日还是在 12 月 18 日都表现出了一个高开行为，这个时候一个高开就是一个布局和进场的机会，12 月 29 日高开收盘大涨 2.02%。2008 年 1 月 2 日股价出现一个顺势再次大涨 6.79% 的态势，收盘达到 17.3 元，这个时候可以一眼就能看出，5 日均线和 10 日均线之间通道仍然是比较顺畅的。所以我们把它定义为一个通气战法。因为它始终在 5 日均线和 10 日均线之间进行着一个多头惯性，也就是我们所常说的趋势交易的一种行为，这个通气中心位战法其实是对抗一种趋势瞬间下跌、最后返回到正常轨道上面去的一种交易的策略和方法。在 2018 年的 1 月 2 日以后股价开始又再次出现了一波比较大的行情。最终从 16.2 元的一个收盘价格直接涨到最高价 23.16 元。这个过程当中又经历了若干反反复复地上涨和下跌，这个我们在后期全部都可以运用对称反弹战法、中心位法、纠缠战法来进行详细描述和论证。但是我们讲的通道趋势向上的通气中心位战法出现的机会并不是很多，这个机会也是一个非常重要的阳上阳交易的一个节点，趋势仍然是向上的。这个是我们趋势交易的核心，同时也是通气战法当中的一个要诀。

第十七节　树林长在山顶上——升达林业

升达林业上涨的特点：股价上涨到趋势的末端，5 日均线和 10 日均线之间通道完整，而且健康向上，股价突然下跌，跌幅达到 10%，呈现出巨大的阴 K

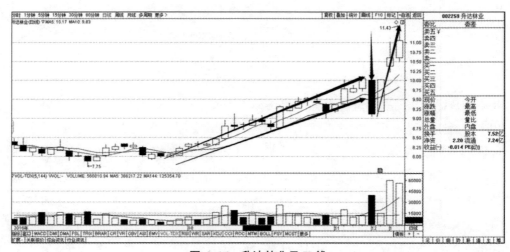

图 6-16　升达林业日 K 线

下挂的方式，然后股价重拾旧势，大涨到顶。

我们最后看一只股票叫升达林业，升达林业是在 2016 年 12 月份的行情当中我们可以清晰地看到通气中心战法存在的股票。升达林业这个股票在 2016 年上半年开始就呈现出一波比较强劲的上涨，最高它涨到 2017 年的 1.43 元。从短线上我们可以看到特别是在 2016 年的整个年度当中它都表现出一个非常强劲的态势，其中 2016 年年初开始了第一波上涨，最低 5.79 元，最高 8.46 元。第一波上涨完以后就出现了一个回落。然后第二波又从 2016 年的 6 月 27 日开始继续一波拉升。在每一波拉伸的过程当中，我们除了看到极值跳空战法、同位性战法的存在，同时我们也在观察着是不是能够出现通气中心位战法，但我们发现并没有出现。然后到了 2016 年的 8 月份再次出现一波上涨，这一次上涨持续的时间比较长，股价一直在往上推高，5 日均线和 10 日均线死叉完以后又再次金叉。特别是从 2016 年的 10 月份开始股价就表现出一波比较慢的上涨状态。这个和 2016 年 6 月份、7 月份的行情及 2016 年 3 月份的行情有所不同。240 日均线在 5 月均线和 10 月均线之间进行纠缠，股价维持上涨态势不变。在 2016 年 10 月 21 日出现了一次回踩。这次回踩看上去好像能够把前方的中心位击穿，但是在我们均线中心位战法中并不构成比较明显的回落，虽然在第二天 10 月 24 日出现了一个比较大的涨幅 6.16%，但是仍然构不成中心位通气战法的要求，股价继续往上长，在 2016 年 10 月 31 日股价有一个下跌 2.5% 的态势，这个下跌可以说是一个比较明显的把中心位击穿的过程，起到一阴做空 3 根到 4 根的一个 K 线形态。这个时候我们可以看得很清楚，股价在第二天马上跳空高开 9.2 元。上涨 0.33%。开盘集合就是泛红，又出现了一波上涨。连续四天从 9.17 元涨到 2016 年 11 月 4 日的收盘 9.71 元，为标准的四周期。在 2016 年 12 月 28 日，可以说当天的股价应该是比较标准的四周期的一个回落，同时在通气中心位战法当中就是比较明显的 5 日均线和十线顺势向上涨，突然股价低开击穿前面 4 根阳 K 线的中心位。趋势仍然是向上的，这个时候我们看到在 2016 年 12 月 30 日股价高开，开盘上涨 0.88%，开盘价 9.19 元，这个时候已经表现出通气战法的不一样，盘中迅速击穿前面一个阴 K 线的中心位，收盘涨幅大于 10%，涨幅达到涨停板，第二天再次冲高涨停，尾盘大涨 5.79%。第三天，1 月 4 日再次上涨 4.2%。我们可以看到通气中心位仍然是适合于做短线，因为它的这个波动是逆着趋势上涨的阴 K。以往交易的过程当中，我们也发现一个特征，股价处于趋势性上涨的顶部位置我们也叫头部位置，这个头部位置第一是风险比较大，第二是趋势仍然没有出现。因为价格上面虽然出现一个回落，但是 5 日均线和 10 日均线仍然保持着健康向上长的一种态势。为什么我们说在 2016 年 10 月 31 日才是比较明显的一个通气中心位战法呢？因为当时的一个下跌是达到 2.55 元，但是 5 日均线和 10 日均线很明显出现了一次封闭。同时在 2016 年 12 月 29 日 5 日均线和 10 日均线之间也同样出现了一次封闭。在 2016 年 10 月 21 日 5 日均线和 10 日均线并没有出现封闭，而且主要的原因是当时的下跌只有 1.46 元。这个起不到死叉的恐慌性抛售作用。所以它上涨的力度相对于它整个上涨的强度而言是不强的。因为股价在顶部是很容易出涨停板的，顶部的涨停板意味着这行情快结束了。同时对于短线交易者而言，在顶部的涨停板也往往孕育着比较巨大的涨停板交易性的机会。而且时间比较短，获益比较快，最后都能够进行成功出逃又能够放出巨量的成交。在 2017 年 1 月 4 日，整个喜气洋洋的 2017 年开始之际，股价就是在这样一种情况之下达到了最高点 11.43 元。最后升达林业开始了一波长达 2 年之久的下跌态势，跌到 5.68 元的最低价，最后停牌。所以从我们整个趋势的分析来看趋势性交易的机会是出现在上涨趋势当中，而且通气中心位战法的交易的时间点和机会也是出现在上升趋势中，下跌的趋势长达两年之久，期间都没有很好的上涨通道的存在。

第七章　对称反弹战法

第一节　对称反弹战法的描述

对称反弹战法的描述：对称反弹是股价在 20 日均线处发生的一种下跌企稳的状态，股价首先在 20 日均线处出现震荡整理的状态，股价开始出现连续 3 天破新低的状态，达到新低以后股价又出现连续 3 天不破新低，或者在第三天尾盘创出新低，然后股价开始连续涨停。对称反弹中的对称指的是股价经历一波缓慢爬升以后又重新回到前期的突破平台的起涨位置，股价开始企稳，不再创出新低。对称反弹指的是当股价开始企稳以后，股价出现 3 天不破新低，此时主力正在积极蓄势开始反攻，最后以为涨停板的形式开始反弹，创出新高。

下面我们对 10 只股票的上涨实例详细进行分析，以便大家对对称反弹战法有更好的掌握。

第二节　搭云梯——欣天科技

欣天科技的上涨特点：股价沿着 20 日均线缓慢爬升，然后开始跌破 20 日均线，而且呈现出缓慢下跌的态势，最低价呈现出 3 破 3 横的态势，最后股价连板涨停。

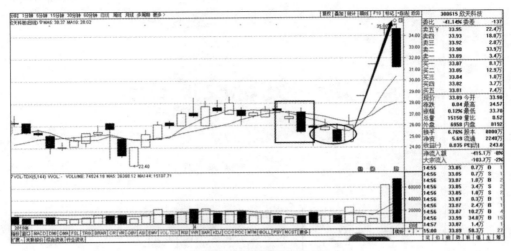

图 7-1　欣天科技日 K 线

　　欣天科技在大盘调整的过程中出现连续多个一字板，我们来看对称反弹战法是如何发挥作用的，首先我们可以看到欣天科技从 2018 年 2 月 22 日到 2018 年 4 月 9 日一直在 20 日均线上方运行，股价呈现出明显得底部走势。股价在 4 月 9 日创出反弹来的新高 28.58 元，然后开始回落，我们主要观察它最低点的变化，4 月 9 日最低 26.98 元，4 月 10 日股价开始低开低走，最低价达到 26.06 元。但是到 4 月 11 日股价走出小阳方块，最低价是 26.66 元，并没有破新低，所以对称反弹战法不成立。我们继续往下看，4 月 12 日股价继续走高，最低仍然没有破 26.75 元，所以不构成对称反弹战法的要素，4 月 13 日，股价呈现冲高回落的态势，当日最低价格为 27.27 元。4 月 16 日，直接低开，尾盘收于一个假阳 K，当日最低价为 26.21 元，第一次突破 27.27 元有效，4 月 17 日冲高回落，最低股价达到 25.30 元，第二次突破前面的一个价格有效。4 月 18 日，盘中出现深 "V" 结构，最低达到 24.12 元，第三次突破前面一个低价有效。对称战法已经完成了一半，能不能成功就要看后面几个 K 线的走势。4 月 19 日股价开始冲高回落，最低达到 25.48 元，但是开始第一次没有突破新低，4 月 20 日，最低达到 24.40 元，差一点价格就达到前方的最低价格了，但是仍然没有破前。4 月 23 日盘中直接达到涨停板，收盘大涨 6.16%，这个已经说明了很重要的问题，虽然没有出现第四次新低，但是实际情况是主力已经用涨停板来说明了四周期已经到了，于是欣天科技开始了连续涨停的行情，而且是一字涨停板，从欣天科技的对称反弹战法中我们可以看到，连续创出三次新低是对称反弹战法的必要条件，在这个过程中都会经历深 "V" 型的下跌，第二天又会有冲高的态势，而且 4 天以内一般会再破一次新低，如果不破，像欣天科技一样用涨停的形式来确认这个对称反弹战法，一定说明这只股票是超强的，而且往往是以一字板的方式发动。

第三节　仙人的脚步——诚迈科技

　　诚迈科技的上涨特点：股价一直在 20 日均线上方横盘态势，但是不跌破 20 日均线，突然打到 20 日均线，然后快速反弹直至涨停。

　　诚迈科技这个股票我们在前面的章节中分析过，诚迈科技是 2018 是一只非常 "妖" 的股票，我们来详细分析一下诚迈科技，诚迈科技是 2017 年 1 月 20 日上市的一只次新股，股价从 11.53 元一直涨到 71.83 元后便开始了一路下跌，一直跌了将近 1 年时间，到了 2018 年 2 月份股价开始慢慢抬升，从 2 月 7 日的 18.81 元，一直涨到 3 月 12 日的 27.58 元，然后关键的对称反弹战法开始了，3 月 12 日最低价为 26.61 元，3 月 13 日最低 26.23 元，股价呈现低开低走的态势，最低价突破第一次，3 月 14 日又是低开低走的态势，最低价是 25.20 元，股价第二次突破最低价，3 月 15 日股价继续低开低走，股价在创业板指数并没有走坏，

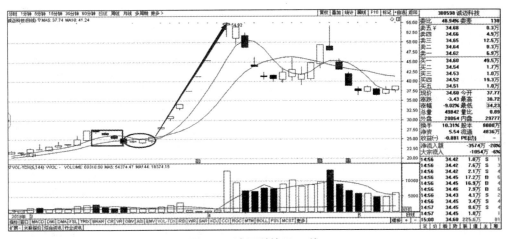

图 7-2　诚迈科技日 K 线

但是股价在四周期的影响之下股价最低达到 23.20 元，收盘大跌 5.1%，完成了对称战法中一半的过程，同时 K 线形态上走出了一个阴 K 倒锤子线，诚迈科技用阴 K 完成了一次深"V"的动作，3 月 16 日股价开始反弹，最低价为 24.19 元，3 月 19 日继续开始反弹，最低价为 23.93 元，股价已经两天没有突破 23.20 元的价格了，K 线形态上走出了红三兵走势，3 月 20 日注定是一个不凡的一天，因为今天将是四周期日，或是打一个新低发动，或者是直接低开高走，表现出一种超强的态势，就好像欣天科技的走势一样，往往在四周期的时候拉升涨板，或是走出低开高走的方块 K 线走势，诚迈科技最终还是选择阳线上涨，此时对称反弹战法已经全部走完，此时交易上应该分为两次开仓，第一次是 3 月 20 日收盘的时候，第二次是 3 月 21 日股价涨停的时候，这时要果断开仓，但是有时对称反弹战法的威力极其巨大，就像欣天科技一样，第二天呈现的是一个一字涨停的走势，所以对称反弹战法才是妖股启动之前的典型的操盘手法，只要潜心学习与掌握，24 连板翻倍 10 倍收益的目标就一定能实现。

第四节　有志青年——德艺文创

德艺文创的上涨特点：股价从最高价下来以后三天连续破新低，并且价格在

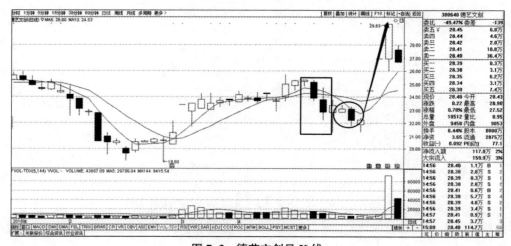

图 7-3　德艺文创日 K 线

20 日均线下方持续了 4 天左右，然后企稳三天连续不破新低，最后股价涨停，行情大发动。

我们来看一下德艺文创是如何应用称反弹战法的。德艺文创在 2 月 9 日低点 19.06 元以后就开始了一波漫涨的过程，最高涨到 4 月 11 日的 25.77 元以后便开始了一波回调。股价重新向 20 日均线运动，4 月 16 日最低价到达 23.68 元跌幅达到 5.73%，第一次创新低成功。4 月 17 日最低到达 22.22 元，第二次创新低成功。4 月 18 日 21.30 元，再次打出第三次的新低，对称反弹战法一半已经完成。4 月 19 日最低达到 22.84 元第一次不破新低成立。4 月 20 日最低达到 21.80 元。仍然没有破新低。4 月 23 日最后达到 21.32 元便再也不创新低了，对称反弹战法成立。虽然没有再创新低，但是时间已经耗尽。4 月 24 日、25 日、26 日开始了三个交易日、三个涨停板。整个交易构成了在 20 日均线反弹的经典案例。同时我们还发现一个细节，在对称反弹战法的最后一天还可以买得到，但是从 4 月 24 日开始就是一字板，主力没有给任何可以参与交易的机会。

第五节　包工头——九典制药

九典制药的上涨特点：股价从最高价下来以后三天连续破新低，但是表现出

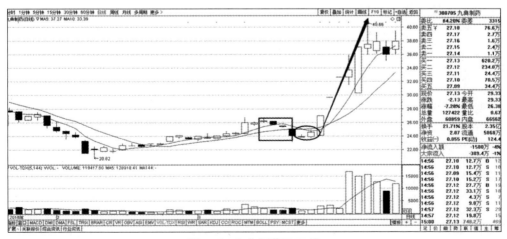

图 7-4　九典制药日 K 线

在 20 日均线出快速反弹的态势，然后企稳，三天连续不破新低，最后股价涨停，行情大发动。

九典制药这票我们在很多战法中会不断地应用，这个票也是对称反弹战法中的一个经典案例，九典制药从 2 月 7 日到 3 月 12 日走出一波比较慢的上涨趋势，最低从 20.8 元最高涨到 26.8 元，股价在 60 日均线也开始停滞不前，3 月 13 日开始回落。3 月 13 日最低达到 25.60 元。3 月 14 日最低达到 25.21 元，连续两次创新低，3 月 15 日最低 23.13 元，有效击穿 20 日均线，形成了三次新低的局面，同时我们观察到 3 月 15 日创业板指数并没有暴跌，九典制药低开，并且在午后打出新低的过程，最后回拉形成下影线，这是对称反弹战法中典型的阴线打极值的方法，而主力故意和死叉相悖的走势就是洗盘的一个主要的手段，3 月 16 日最低 23.86 元，一次新低不破。3 月 19 日新低 23.71 元，二次新低不破。3 月 20 日，即第四天对称反弹战法开始发力，盘中直接涨停，这个我们会在纠缠战法中详细阐述，同时两个战法的合用才可以快速把握涨停的机会，九典制药开始产生 15 天翻倍的行情。

第六节　和平空间站——永吉股份

永吉股份的上涨特点：股价以涨停的形式打出最高价，出现三天连续破新低，然后企稳三天连续不破新低，但是股价大幅暴涨 3 天，最后股价涨停，行情继续大涨。

在 1 月 17 日、1 月 18 日、1 月 19 日 3 天，永吉股份连续打出三个涨停板，股价也从 12 元迅速涨到 16 元。1 月 22 日开始回落。最低价为 14.93 元，此为第一次破低。1 月 23 日最低达到 14.83 元，此为第二次破低。1 月 24 日为第三次破低，最低达到 14.30 元。对称反弹战法一半已经完成。同时我们可以细心地观察到永吉股份在打最低价的同时，最高价也在往上打，不是创新高就是击穿前一天中心位的价格，并且多以十字星的形式存在，1 月 25 日最低 14.49 元，最低价不破新低，但同时我们可以看到最高价上涨得很厉害，当天大涨 4.62%，1 月 26 日尾盘直接涨停，并且已经创出新高，这一点在很多其他的股票上是没有这种特

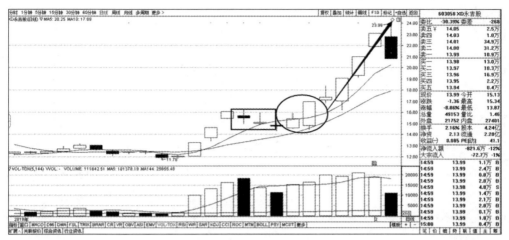

图 7-5　永吉股份日 K 线

征的，就算是最牛的必创科技、盘龙药业、九典制药也没有表现出如此的创新高的行情，可见这个与前面 3 个涨停板是有巨大的关系的，1 月 30 日到 2 月 1 日股价直接连续上涨 3 个涨停板。

第七节　狙击步枪——永和智控

　　永和智控的上涨特点：股价在 20 日均线上方一直处于横盘走势，并未大涨，在横盘阶段出现 3 天连续破新低，然后企稳三天连续不破新低，最后股价涨停，行情大发动。

　　永和智控是平台突破的典范，这里有一个细节，就是三次新低以后第四天出新高的一个技术要领，我们来看一下它的操盘思路，永和智控从 3 月 2 日开始便开始走上 20 日均线，3 月 13 日最高到达 15.88 元以后便开始回落，开始尝试对称反弹战法的可能性。3 月 13 日到 3 月 21 日开始横盘，但是一直都不能打出标准的三次新低的过程，3 月 22 日主力再次发力洗盘，最低 14.39 元，一次新低，3 月 23 日受到大盘暴跌的影响，永和智控跌停，最低 13.05 元。我们在以前讲过真正开始连续涨停的话主力在收盘一般不会让跌停板出现的，但是从对称反弹战法的技术要点上看，第三次新低的可能性一定发生，果然 3 月 26 日，在跌停板

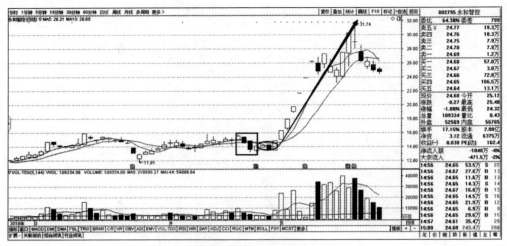

图 7-6　永和智控日 K 线

的带动之下最低价格达到 11.81 元，对称反弹战法一半已经做好。从 3 月 27 日一直涨到 4 月 2 日，最高达到 15 元，4 月 3 日以后主力再次尝试对称反弹战法而未果，最低达到 4 月 10 日的 13.23 元，然后价格一直涨到 4 月 19 日。4 月 20日最低 14.50 元，开始了第一天新低，大跌 6.75%，来势汹汹大有作为的可能性。4 月 23 日最低 13.20 元，果断击穿 20 日均线，二次新低成功。4 月 24 日最低13.08 元，三次新低成功，这一次的下跌已经没有 3 月 23 日那次的跌停出现，说明主力控盘控制得很好。同时 4 月 24 日的分时线战法是标准的推土机战法，接下来我们注意一个细节，4 月 24 日最高价为 14.15 元。4 月 25 日最高价突破了极值为 14.28 元，价格不破新低。4 月 26 日最高价继续突破 14.28 元，达到14.30 元，最低价格继续不破新低，4 月 27 日高开涨停。我们在永和智控这只股票上看到了三次创新低以后的三次创新高的细节，这是对称战法里面三低三高的核心方法。我们要注意：对称是二象理论又一开创性的概念，也是极其具有实用性的概念，对称在哲学范畴理解就是对立统一，也是宇宙运动的根本规律之一。对称是死叉运动的一种奇妙表现，死叉的对称现象是为了更好地进行多空双方运动的转化，常言道：横有多长竖有多高，就是揭示了时间与价格之间的对称关系，在市场上主要有 3 种对称关系：时间与时间对称、价格与价格对称、时间与价格对称，要想获取时间必须要研究价格，要想赚取价格必须研究时间。

第八节 无线电波——吉大通信

吉大通信上涨的特点：股价不是通过连续上涨的方式打出最高价格，而是通过横盘，然后突然上涨创出新高，最后从最高价下来以后3天连续破新低，然后企稳3天连续不破新低，最后股价涨停，行情大发动。

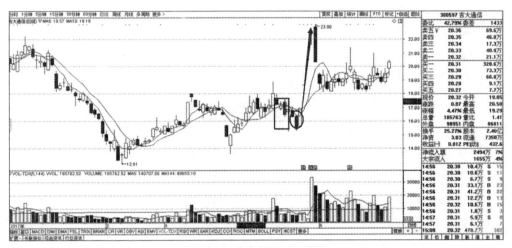

图 7-7 吉大通信日 K 线

吉大通信也是对称反弹战法中的一个经典案例，吉大通信 2 月 7 日达到最低价格以后便开始了一波一路上涨的态势，3 月 18 日达到最高点 18 元以后开始了一波回调。3 月 13 日最低达到 17.01 元以后开始做对称反弹战法。3 月 14 日最低达到 16.71 元此为第二次创新低。3 月 15 日最低达到 16.21 元，此为对称反弹战法中的第三次新低，对称战法只走了一半。接下来 3 月 16 日最低达到 16.68元，3 月 19 日最低达到 16.40 元，两天都没有破新低，似乎对称反弹战法是成立的。3 月 20 日到达 16.44 元，对称反弹战法走完。然而可惜的是 3 月 21 日最高冲高到 17.45 元以后便是冲高回落，最终收盘的时候还以下跌 1.41% 结束，我们不禁要问难道对称反弹战法失灵了，其实不然，当然在后面的章节中我们还会讲到同位性战法可以和对称反弹战法进行互相验证，但是其根本原因是发生在 3 月

15 日的那根阳锤子线，因为我们要清楚，所谓对称反弹战法的本质是反弹要创出新高，所以如何弹将会变得异常关键，而我们看 3 月 15 日那天的反弹阳线，第一没有高开，第二作为阳锤子线的话应该在早盘就要打出新低，出现深"V"结构，它都没有显得很疲软，所以也就是说弹性不佳的原因。从 3 月 22 日、3 月 23 日、3 月 26 日 3 天连续创出新低，走出第二波对称反弹战法。3 月 26 日打出新低 13.60 元的价格，但是仍然没有高开，但是已经在早盘打出了深"V"结构，对称反弹战法开始起作用。从 3 月 26 日到 4 月 12 日股价便走出一波小单边走势，直到 4 月 13 日最低打到 17.15 元那天开始又进行了对称反弹战法的准备。4 月 12 日的最低价是 16.86 元，所以对称反弹战法还没有开始，但是调整的趋势势不可当。4 月 16 日最低 16.75 元，新低第一天。4 月 17 日最低 16.33 元，新低第二天。4 月 18 日最低 15.20 元，新低第三天，对称反弹战法又初露雏形。但是最关键的大家可以观察，这次新低的打出和前面几次已经不一样了，和 3 月 15 日、3 月 26 日完全是两样的，4 月 18 日直接高开在 16.68 元，开盘上涨为 1.4%，9：40 便立马打出 15.20 元的新低，收盘回阳，此阳线为高开深 V 锤子线，这才是核心。接下来 4 月 19 日最低 16.25 元，没有破新低，4 月 20 日 15.25 元，再次没有破新低，对称反弹战法已经快要成功了，4 月 23 日那天股价再次高开，10 点 38 分的时候直接打涨停板，这次对称反弹战法算是大功告成了，4 月 24 日、4 月 25 日、4 月 26 日三天连续 3 个一字板，完全可以说明这才是真正的对称反弹战法，同时在吉大通信的 3 次对称反弹战法中我们可以看出，在对称反弹战法中连续 3 天破极限值向下，当打到最低值的那一天，如果是阳 K 线的话，应该要高开早盘打出深 V 结构为最佳，如果没有高开的话要注意要第二次打出 3 个新低的可能。

第八章 纠缠战法

第一节 纠缠战法的描述

在讲纠缠战法之前我们先讲一下什么是纠缠概念,所谓纠缠概念是 5 日均线、10 日均线、20 日均线、60 日均线等多条均线粘连在一起,并且伴随着股价呈现出横盘震荡整理的状态,K 线出现十字星状态的居多。

所谓纠缠战法就是股价在横盘末期,出现一个 K 线同时突破 5 日均线、10 日均线、20 日均线、60 日均线等根均线的结构特征,从形态上表现出来,多条均线纠缠在 1 个 K 线里面,这是主力开始发动主升浪的最后准备工作,然后股价便开始出现涨停,纠缠战法最主要的特征就是一阳同时突破多条均线。

第二节 医药包工头——九典制药

九典制药的上涨特征:股价从最高价下来出现短暂的死叉以后,股价 1 天突破 5 日均线、10 日均线、20 日均线、60 日均线最后涨停,行情发动。

纠缠是做股票潜伏的操盘手通常做的一种方法,要用到均线系统,我们来看如何用它来赚钱。关于纠缠态的战法我们首先要知道纠缠态是均线的一种缠绕方式,具体有 5 日均线和 10 日均线缠绕、20 日均线缠绕与 60 日均线纠缠,具体我们来看九典制药上涨的过程中纠缠战法是如何应用的,首先我们要把 5 日均线、20 日均线、10 日均线、60 日均线，两两分清，我们先分开 20 日均线与 60 日均线，我们讲过，20 日均线是四周期线，是主力的成本线，而 60 日均线是强势线，60 日均线以上股票属于强势股票，60 日均线以下的股票属于弱势股票，我们看九典制药，从 1 月 8 日开始到 1 月 18 日股价在 60 日均线以上，一直处于强势区间，3 月 8 日到 3 月 12 日股价处于 60 日均线，然后又受到压力，开始回落，直到 3 月 20 日股价第三次到达 60 日均线的上方，股价才开始一波真正的上涨，我们来看三次上涨，20 日均线和 60 日均线之间的关系到底又有如何的不同，1 月 8 日、5 日均线、10 日均线、20 日均线，都处于多头发散的特点，5 日均线为 27.60 元，10 日均线为 27.02 元，20 日均线为 25.69 元，60 日均线为 29.41 元，4 根均线是发散的，特别是 20 日均线与 60 日均线之间有 20% 左右的空间，我们再来看 3 月 8 日那天，5 日均线、10 日均线、20 日均线以及 60 日均线仍然处于多头排列，5 日均线价格为 24.50 元，10 日均线价格为 24.10 元，20 日均线的价格为 23.38元，60 日均线的价格为 25.76 元，20 日均线和 60 日均线之间的差额仍然达到10%以上，均线仍然没有处于纠缠状态，时间运行到 3 月 20 日那天，5 日均线和 10 日均线已经经历过死叉，均线开始处于纠缠状态，5 日均线价格为 24.95 元，10 日均线价格为 25.31 元，20 日均线的价格为 24.45 元，60 日均线的价格为25.85 元，20 日均线与 60 日均线之间的差额已经到达了10%以内，3 月 20 日开盘价为 24.10 元，收盘为 26.99 元，呈现出 5 日均线、10 日均线、20 日均线、60 日均线四条均

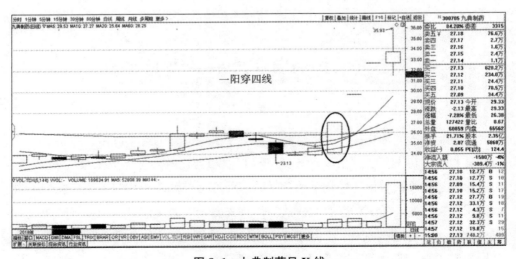

图 8-1　九典制药日 K 线

线纠缠在一条 K 线以内，这是纠缠战法一个典型标志，表现形式为多条均线纠缠在一条阳 K 线以内，当然，从 3 月 12~20 日九典制药符合标准的对称反弹战法，正好对称反弹战法和均线纠缠战法得到了共振，通过九典制药我们发现均线纠缠战法中 20 日均线与 60 日均线之间的差额是一个关键，必须要小于 10% 左右，同时最后 4 条均线要纠缠在一条 K 线内进行爆发。

第三节　眉毛胡子一把抓——宏达电子

宏达电子上涨的特点：股价从最高价下来出现短暂的死叉以后，股价 1 天突破 5 日均线、10 日均线、20 日均线、60 日均线，但是最后并没有完全包住这四条均线，最后涨停，行情发动。

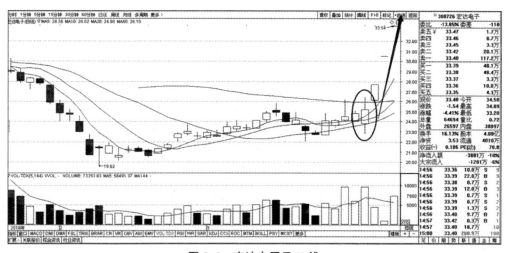

图 8-2　宏达电子日 K 线

我们再来看宏达电子这只股票，在这只股票中我们主要看 5 日均线和 10 日均线是如何在 20 日均线和 60 日均线之间进行金死叉的，2 月 13 日宏达电子上市满 60 天，开始产生 60 日均线，产生了 4 条均线以后股价在 3 月 5 日第一次突破了 20 日均线，此时 5 日均线价格为 22.90 元，10 日均线价格为 22.20 元，20 日均线的价格为 22.68 元，60 日均线的价格为 27.06 元，20 日均线与 60 日均

之间的差额达到 20% 以上，3 月 12 日股价最高达到 25.88 元以后开始回落，3 月
16 日是非常关键的一天，股价开始回落到 20 日均线，也在这天 5 日均线和 10
日均线开始死叉，随后股价开始反弹，5 日均线和 10 日均线在 20 日均线和 60
日均线之间一个狭小的范围内进行纠缠，其中 3 月 19 日 5 日均线、10 日均线、
20 日均线三条均线纠缠在一条阳 K 线之内，同时对称反弹战法开始产生作用，3
月 23 日股价最高达到 26.48 元，当日的 5 日均线价格为 24.55 元，10 日均线价
格为 24.15 元，20 日均线的价格为 23.73 元，60 日均线的价格为 25.92 元，20 日
均线与 60 日均线之间的差额已经缩小到 10% 以内，同时 5 日均线和 10 日均线在
20 日均线和 60 日均线之间产生了金叉，均线纠缠战法成立，3 月 26 日开始突破
60 日均线，股价也开始了一波 50% 左右的快速上涨。均线纠缠战法成立。在宏
达电子身上，我们看到均线纠缠战法其实就是 5 日均线和 10 日均线反复进行金
死叉的过程，直到把 20 日均线和 60 日均线之间的差额缩小到 10% 以内的范围，
最后直接拉升，行情发动。

第四节　　神秘的港湾——翔港科技

　　翔港科技的上涨特点：股价从最高价下来出现短暂的死叉以后，股价 1 天突
破 5 日均线、10 日均线、20 日均线、60 日均线。但是 60 日均线出现的是反压
状态，而且有 2 根均线出现在 K 线的下影线中，最后涨停，行情发动。
　　我们详细来看翔港科技这个股票中 4 条均线的位置是如何排布的，翔港科技
在 2017 年 10 月 16 日上市，从 11.09 元开始最高涨到 41.76 元，其后一路下跌，
最低跌到 12 月 5 日的 21.22 元，然后均线开始纠缠，12 月 25 日股价突破 20 日
均线，4 天后股价最高打到 25.93 元。然后股价开始再次死叉，均线开始变得扁
平。1 月 8 日迎来 60 日均线，但 5 日均线、10 日均线、20 日均线、60 日均线之
间差距很大。1 月 11 日再次在 20 日均线上开始反弹，4 周期后达到 27.97 元，
触碰到 60 日均线后就开始回落了。1 月 22 日再次股价回落到 20 日均线，在 1
月 25 日我们已经清晰地看到在 60 日均线和 20 日均线之间 5 日均线和 10 日均线
做出了一个很大的死叉，在 1 月 25 日那天，最上方的是 60 日均线，价格为

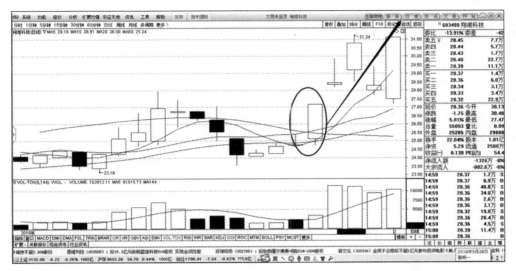

图 8-3　翔港科技日 K 线

25.58 元，只有前方出现过一波有效的上涨的时候才会使 60 日均线出现在第一位，10 日均线是 25.40 元，5 日均线是 24.66 元，基本在 20 日均线和 60 日均线之间进行纠缠，20 日均线是 24.86 元，它在最下方，1 月 26 日翔港科技涨停，5 日均线排在了 10 日均线的下方，纠缠战法开始发生作用，纠缠战法的核心是形成风筝交叉，九典制药也有风筝交叉。

我们接下来看纠缠战法的更广泛的应用，以庄园牧为例。我们知道 5 日均线和 10 日均线之间金叉和死叉是死叉上比较普遍的一种技术特征，我们选择的时间维度是 2018 年 5 月 4 日、2018 年 3 月 23 日、2018 年 2 月 9 日、2017 年的 11 月 23 日，这几天除了 2018 年 5 月 4 日一天死叉比较平淡，其他几天死叉都是暴跌，因为在暴跌的大势中我们才能发现死叉的技术上的必然性，我们首先看 2018 年 3 月 23 日那天，2018 年 3 月 23 日受到外围股市的影响，上证指数暴跌 110 点，大跌 3.39%，我们看庄园牧场这个票，3 月 23 日庄园牧场强势涨停。那么它背后的涨停机制是什么？庄园牧场 2 月 23 日股价 5 日均线和 10 日均线金叉了以后，便开始了一波缓慢上涨的过程，3 月 9 日达到最高价 19.88 元以后便开始了一波回调，从 3 月 13 日到 3 月 15 日股价开始了对称反弹战法的走势，3 月 15 日到 3 月 20 日不破新低，对称反弹战法成立，3 月 21 日上涨 1.41%、3 月 22 日上涨 5.36% 似乎都在情理之中，但是对于纠缠战法而言我们只关心 5 日均线和

10 日均线之间的金死叉问题，在 3 月 19 日股价就开始以大阳 K 的形式填满 5 日均线和 10 日均线之间的空隙，3 月 21 日 20 日均线的价格为 18.60 元，收盘收于 18.66 元，3 月 22 日这一天是非常关键的，开盘价格为 18.38 元，收盘价格为 19.66 元，大涨 5.36%，而当日 5 日均线价格为 18.53 元，10 日均线的价格为 18.64 元，它用阳 K 线的方式做出了一个均线上的金叉动作，并且这个金叉打在阳 K 线的里面，于是便出现了 3 月 23 日大盘暴跌 110 点的情况。庄园牧场选择涨停的技术上的原因，3 月 26 日继续上涨 3.37%，3 月 27 日继续大涨 5.46%，3 月 28 日才开始回落。3 月 30 日，10 月均线的价格为 20.58 元，庄园牧场盘中最低价达到 20.61 元，然后又大涨 4 周期，4 月 9 日最高达到 25.84 元，整个一波炒作基本结束，5 日均线与 10 日均线完成了从金叉到死叉，又从死叉到金叉的全部过程，特别是第二次金叉的时候就算是大盘暴跌，纠缠战法仍然表现出不一样的威力。

第五节　科技农业——傲农生物

战法定义：股价从最高价下来出现短暂的死叉以后，股价 1 天突破 5 日均线、10 日均线、20 日均线、60 日均线，而且这 4 条均线完全处于 K 线的实体之

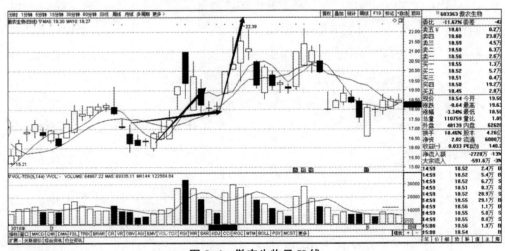

图 8-4　傲农生物日 K 线

内，最后涨停，行情发动。

　　傲农生物从 2 月 23 日到 3 月 13 日同样进行了一次 5 日均线和 10 日均线金叉的过程，股价最低从 14.10 元起涨到 19.22 元最高价，5 日均线和 10 日均线之间显得畅通无阻，3 月 13 日到 3 月 15 日打出 3 天极值新低，对称反弹战法开始起作用，具体大家可以参考对称反弹战法相关章节的论述，3 月 15 日到 3 月 20 日股价开始横盘走势，但是并没有再创新低，3 月 20 日、3 月 21 日、3 月 22 日慢慢开始填满 5 日均线和 10 日均线之间的空隙，特别是 3 月 22 日股价开盘价为 16.50 元，收盘价为 17.47 元，完全包裹了 5 日均线与 10 日均线，开始技术上的打金叉。3 月 23 日大盘暴跌，傲农生物在 30 分钟内封死涨停，而且到收盘的时候都没有打开，我相信有心人可能在 3 月 23 日的时候看到过傲农生物的大幅上涨，感到惊讶而不可理解，又不敢追，因为不懂其内在的机理。3 月 26 日又大幅高开 7 个点，下跌 4 周期，在 3 月 29 日 10 日均线的价格为 17.82 元，而傲农生物盘中最低达到 17.61 元。3 月 30 日以后又大涨 4 周期，股价才开始真正回落，傲农生物一波炒作宣告结束，在纠缠战法中我们清晰地看到对称反弹战法的出现，股价以大阳 K 的形式对 5 日均线和 10 日均线进行金叉，大幅上涨以后，回到 10 日均线又开始第二波牛回头的上涨，股价往往会再创新高，多头一波才正式宣布结束。

第九章　跷跷板战法

第一节　跷跷板战法的描述

所谓跷跷板战法指股价突破上涨，突破 5 日均线和 10 日均线，并且使 5 日均线和 10 日均线产生金叉，最后利用股价再次回落到 10 日均线附近产生支撑，最后继续上涨，在跷跷板战法中有 3 个元素，第一个是 5 日均线，第二个是 10 日均线，第三个是 K 线，要让跷跷板第一次跷动，必须要使得 K 线突破 5 日均线和 10 日均线，并且使得 5 日均线和 10 日均线之间产生金叉，产生金叉以后上涨趋势打开，这时产生下跷动作，股价再次快速回到 10 日均线附近，形成了一个类似跷跷板的形态，为了保持继续上涨的态势，股价继续上涨，形成跷跷板效应。

第二节　蔬菜王——宏辉果蔬

宏辉果蔬的上涨特点：股价在高位出现短暂的死叉金叉以后，股价再次回落到 10 日均线附近，股价继续大涨，维持金叉走势。

接下来我们看一个股票叫宏辉果蔬。宏辉果蔬的走势和安达维尔很像，但是比安达维尔的涨幅还要大，我们用一样的方法来研究它。宏辉果蔬在 2 月 23 日到 3 月 9 日开始了一波缓慢上涨的行情，2 月 23 日金叉的时间股价大涨 3.45%，

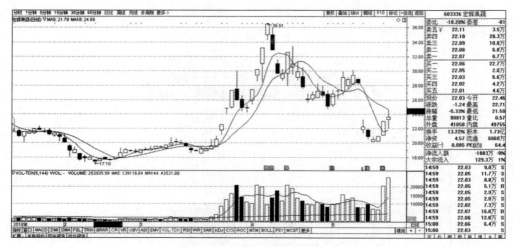

图 9-1　宏辉果蔬日 K 线

期间一共经历了 11 天的上涨时间，把 5 日均线和 10 日均线之间拉出一波很好的小慢牛走势，5 日均线和 10 日均线之间通畅无比，同样是 3 月 13 日、3 月 14 日、3 月 15 日三天开始回落，只是在宏辉果蔬身上并没有做出比较标准的对称反弹战法，我们同时再观察一下左边的同位性战法，在它的左边并没有明显的像安达维尔那样的一个漂亮的涨停板高耸在那里，它最大的一个波动是在 2 月 23 日的 7 个点左右的上涨，收盘的价格在 18.60 元。没有击穿最低 17.89 元，因为这个价格是金叉时候的最低价格，所以不容易达到。3 月 15 日最低的价格达到 18.56 元。从后面几天的价格走势来看，18.60 元就是同位性战法的价格，所以我们同位性战法完全可以和对称反弹战法一起结合运用，因为在对称反弹战法中有 4 天不破或单日破新低的时间。确定了 18.60 元这个价格以后，股价开始进入 5 日均线和 10 日均线的空隙当中，纠缠战法开始启动，3 月 22 日股价已经明显的进行了 5 日均线和 10 日均线之间的金叉行为，收盘大涨 4.75%。3 月 23 日大盘暴跌，宏辉果蔬开盘涨停，3 月 26 日继续涨停，3 月 27 日继续涨停，这一波最高涨到 3 月 28 日的 30.3 元以后才开始回落。4 月 2 日以后继续出现连续 4 个涨停板的拉升，而且也没有回到 10 日。线股价在短短 15 个交易日内出现了 7 个涨停板，是非常罕见的。

第三节 航空发动机——晨曦航空

晨曦航空的上涨特点：股价在高位出现短暂的死叉金叉以后，并且金叉以后股价已经创出新高，股价再次回落到 10 日均线附近，股价继续大涨，维持金叉走势。

最后我们仍然在 3 月 23 日的暴跌行情中看一只股票叫晨曦航空。

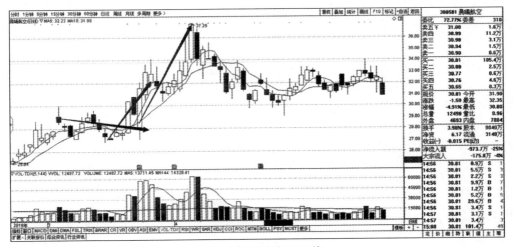

图 9-2 晨曦航空日 K 线

这个票没有涨停，我们来看看它上涨的机理，同样的行情结构，晨曦航空从 2 月 22 日到 3 月 5 日也开始了一波凌波微步的上涨行情，但是时间大大地缩短了，只有 8 个交易日的时间，期间 2 月 27 日最大的涨幅为 4.76%，最低价格为 26.41 元。而且从 3 月 5 日形成最高点以后主力似乎进行过一次出货的过程，3 月 6 日、3 月 7 日、3 月 8 日三天出现了对称反弹战法的结构，3 月 8 日、3 月 9 日、3 月 12 日三天反弹，虽然能带动股价的上涨，却不能破新高，同时值得注意的是 5 日均线和 10 日均线之间也由于这次提前的对称反弹走势变得不那么流畅，3 月 13 日、3 月 14 日、3 月 15 日才迎来了真正的回调，3 月 15 日达到最低 26.78 元后便开始企稳。技术上仍然是对称反弹的模型，但是总有打折的现象，不像前面几只股票一样，3月16日晨曦航空又出现了第四条阴K线，到3月20日股价开始企稳，3月21日晨曦航空一边做着金叉，一边就涨停了。3月22日股价回落，但仍然运行在5日均线上方，3月23日又是神奇的天地板的时间，晨曦航空并没有像和胜股份、宏辉果蔬、安达维尔一样出现大幅的高开，相反出现了4个点低开行为，眼看大势已去，而当时的10日均线价格是28.63元，晨曦航空大幅低开在28.14元，开盘就把28.63元的10日均线的价格击穿，午后甚至达到了最低价格为27.02元，但是因为纠缠战法在发生着作用，午后股价迅速地被拉起来，收盘大涨7.94%，这是第三次打折，并没有封死涨停板。3月26日再次拉升4.47%，然后股价开始回落，3月19日达到10日均线附近的时候再次出现第二次上涨，4月9日创出37.25元的新高以后股价应声回落，这一波的炒作也宣告结束。

第四节　最爱蝴蝶结——高争民爆

　　高争民爆的上涨特点：股价在高位出现短暂的死叉金叉以后，股价再次回落到10日均线附近，但是股价的跌幅特别巨大，出现一种情况，如果不在10日均线出反弹股价就会出现死叉的局面，最后在10日均线处股价继续大涨，维持金叉走势。

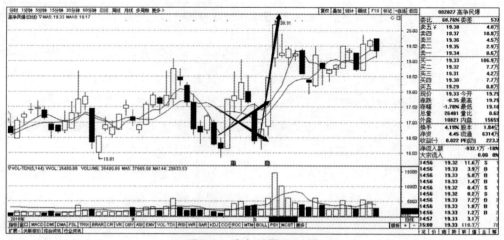

图9-3　高争民爆日K线

　　下一只股票我们来看高争民爆，高争民爆和东方嘉盛一样都是在 3 月 23 日没有起来的股票，都是第二次再进行爆发。2 月 22 日到 3 月 13 日股价在打出金叉后开始运行了 14 个交易日，5 日均线和 10 日均线之间非常通畅，期间还是在 2 月 26 日出现了最大的同位性战法，而且成交量也是最明显的，放出了最大的成交量，最低价为 16.15 元。3 月 12 日开始做出对称反弹战法，3 月 15 日达到最低 16.46 元，并没有达到 16.15 元，同位性战法告诉我们似乎还要经历一次暴跌，又是在 3 月 20 日对称反弹战法走完，3 月 22 日纠缠战法也成立了，5 日均线和 10 日均线已经成功的金叉。但是 3 月 23 日开始出现大盘暴跌的行情，股价迅速地达到 10 日均线的价格。我们注意一下细节，3 月 23 日高争民爆没有封死跌停板，虽然 10 日均线是 17.17 元，最低达到 16.12 元，应该说已经大幅跌穿了 10 日均线，但是同位性战法告诉我们，股价刚刚跌到 16.15 元，然而 3 月 26 日股价就开始反弹，但并没有出现跳空战法，纵然是纠缠战法成功，同样在大盘暴跌的情况下出现了中心位战法，从 3 月 26 日到 4 月 12 日又开始了一波慢涨的过程，4 月 13 日开始出现对称反弹战法，4 月 18 日跌到最低价 16.28 元以后再次连续下跌 3 天，4 月 23 日最低达到 16.14 元，同位性战法又开始出现。我们不禁惊讶，16.14 元比 16.15 元就低了 1 分钱，而且同位性战法有个特点，就是这个价格不到就不算洗盘彻底，哪怕是纠缠战法出现，也要到那个价格去，同时对于对称反弹战法而言就是一个指引，价格就在那个价格达到最低价，4 月 24~26 日纠缠战法开始，5 月 2 日最低回落到 16.10 元处又开始反弹涨停，跷跷板模型出现，同时我们可以看到 4 月 24 日那个波段和 3 月 19 日那个波动，几乎是一样的走势，我们看一只股票不能机械地只看其最近 4~5 天的走势，我们要把这样的结构放在一个更大的结构环境下分析，才能取得成功。

第五节　皇上身边的红人——三德科技

　　三德科技的上涨特点：股价在高位呈现出横盘走势的状态，出现短暂的死叉金叉以后，股价一直并没有创出新高，股价再次回落到 10 日均线附近，股价继续大涨，维持金叉走势。

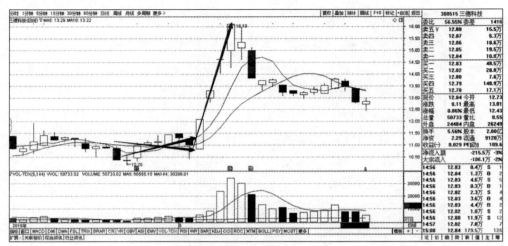

图 9-4　三德科技日 K 线

　　我们来看一下三德科技，因为有些都是雷同的我就粗略来讲，从 2 月 22 日、3 月 13 日便开始了一波慢涨，2 月 26 日同位性战法最低价 10.15 元。3 月 13 日到 3 月 20 日对称反弹战法。3 月 22 日纠缠战法失败。3 月 23 日中心位战法同时二次对称反弹战法，并出现第二波慢涨，同时同位性战法没有改变。4 月 13~23 日对称反弹战法。4 月 27 日纠缠战法成功。5 月 3 日跷跷板战法成功。5 月 4 日涨停。

第十章　成交量战法

第一节　成交量战法的描述

成交量战法中我们选取 3 个 K 线的成交量，第一个 K 线的成交量是一波上涨后到达最高点，然后大幅下跌打下的第一个阴 K 的成交量，为了方便起见我们记录为量 1，然后股价在 20 日均线处开始横盘整理，突然一个大阴 K 打压下来，击穿前面的一个平台，此时的成交量为量 2，详细可以参考前面中心位战法的相关章节，最后股价开始反包再次击穿 20 日均线，股价涨停，此时的成交量我们记录为量 3，而成交量战法中的关系表述为；量 3 大于量 2 而小于量 1，股价便开始了一波真正意义上的上涨。

第二节　涨停不出头——迦南科技

迦南科技的上涨特点：股价在横盘整理以后，出现涨停，创出新高，但是成交量并没有创出横盘整理阶段成交量的新高，投价继续涨停。

我们看迦南科技这只股票，迦南科技在 3 月 6 日开始股价突破 20 日均线，当日的成交量为 4221 万元，随后股价便在 20 日均线和 60 日均线之间的狭小范围内开始纠缠，我们在纠缠战法中曾经提到表现比较灵敏的 5 日均线和 10 日均线在 20 日均线和 60 均线之间进行死叉是纠缠战法的一个比较典型的特征，3 月

23日在大盘大跌100点之际，迦南科技也开始了破位下杀，大跌9.55%，但是没有跌停，同时下跌的方式符合中心位战法一个阴K线打破一个平台，中心位战法到底是如何运用的可以详细阅读我前面的章节。3月23日在下杀的阴K中成交量为2516万元，这个成交量小于平台整理的最高峰量4221万元，在3月28日，经过3天的反弹，创出了一个新高，3月28日的成交量为3369万元，比4221的成交量要小，但是明显要大于2516万元，这是成交量战法的一个核心。同时，3月28日出现了纠缠战法中的一个典型的特征，4条均线纠缠在一个阳K线中，只是5日均线和10日均线纠缠的范围超过了20日均线和60日均线的范围，但这在纠缠战法中也是允许的，因为在3月23日的大跌是可以脱离正常的运行轨道的，而成交量战法中最核心的就是3个成交量的选择：一个是平台最大的成交量，一个是阴K下杀的次高成交量，最后一个是中间量，就是比最大量要小，确保主力没有全部出来，同时要确保比次高量要大，确保主力用阳量来对导中心位下杀的阴量，而这个阴量的把握显得极其重要，最后一个阳K量是一个标准的突破量，在纠缠战法中很明确地讲到，3到4条均线会纠缠在一个阳K线内，同时现在在成交量中我们也得到了明确的标准，是一个典型的次高量。成交量战法的出现，是对纠缠战法的一个非常好的有效的补充，就像同位性战法是对对称反弹战法的一个有效补充一样，缺一不可。

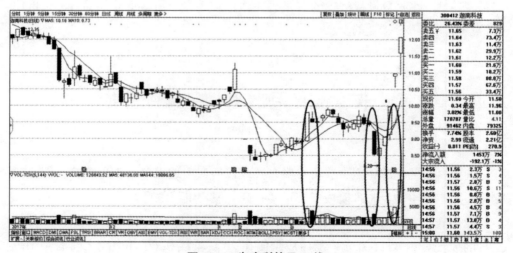

图 10-1 迦南科技日 K 线

第三节　用直小白角——顶点软件

顶点软件的上涨特点：股价在横盘以后，出现缩量下跌，跌破 20 日均线，然后股价再次缩量涨停突破 20 日均线，股价继续上涨。

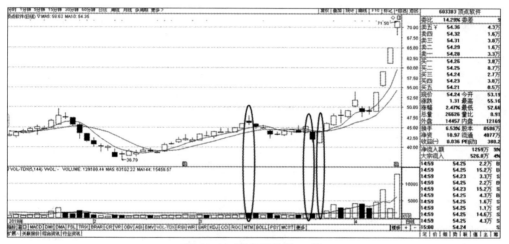

图 10-2　顶点软件日 K 线

我们接下来再看一个叫顶点软件的例子，顶点软件从 2 月 7 日开始反弹，一直涨到 3 月 12 日的 47.88 元，5 日均线和 10 日均线之间一直保持通畅，3 月 13 日开始打压股价，下跌 4 周期，一直跌到 3 月 15 日的 42.16 元，正好在 20 日均线上开始反弹，股价最高反弹到 3 月 22 日的 45.88 元，3 月 23 日受到大盘暴跌的影响，顶点软件直接低开 3%，尾盘暴跌 7.40%，中心位战法成立，均线上表现出一阴突破多个阳 K 的中心位，具体可以参考前面中心位战法中的表述。其中，最重要的一个成交量也已经出来，为 5529 万元，而左边最大的一个成交量是 3 月 12 日的 6742 万元，很明显 5529 万元小于 6742 万元的成交量。3 月 26 日顶点软件开始反弹，收盘上涨 4.94%，成交量开始放出 5407 万元，收盘价格为 43.99 元，又重新回到了 20 日均线的附近，3 月 27 日股价走出二象结构，跳空高开 44.21 元，跳空战法也成立，详细情况可以参看跳空战法的相关章节。3 月 27 日当日放出 9023

万元的成交量，已经明显大于 5529 万元，甚至也明显大于 6742 万元。虽然成交量上没有出现回缩的态势，而是出现同步放量的态势，但是我们结合其他的指标仍然可以判断是典型的成交量战法。3 月 28 日到 4 月 12 日出现了一波凌厉的上涨，就是很好的证明。能量场理论是气能道的核心理论之一，自然界中，能量不但可以从一个物体转移到另一个物体，多种能量之间可以相互转化，这种特殊循环就会产生能量场。二象理论中对于能量场的认识是全方位的，在价格突破的同时，极值也在发生着改变，成交量也在发生着变化，只有成交量温和放大到一定程度才能产生能级之间的跃迁，而在股票市场中成交量的变化是最明显的能量场，因此如何判别二象结构的真正发动，成交量的微妙变化是一门必不可少的研究课题。成交量不能放大的过多，如果远超前日成交量的 2~3 倍，行情可能还不能顺利发动；成交量也不能过小，过小无法推动价格进行破极值的创新高或创新低的突破运动；唯有成交量不温不火，呈现出 50%~200%，行情才有可能发动。

第四节　涨停王者——特力 A

　　兵法曰：兵马未动粮草先行，交易如战场，一场交易的成败，成交量的辨别有时将成为交易成败的决定性因素，如特力 A。

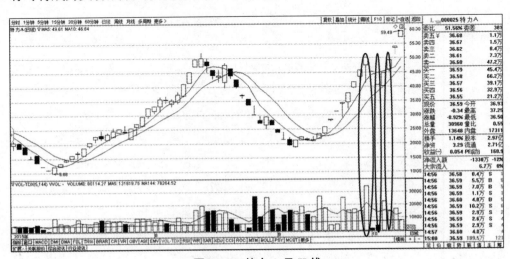

图 10-3　特力 A 日 K 线

　　我们来看一个涨停王者特力 A，特力 A 在 2015 年 7 月 9 日开始出现大级别的深 V 型的反弹，同时到 2015 年 7 月 21 日到达阶段性的压力位 22 元附近。当天的成交量是 2.02 亿元，下跌 2.69%。7 月 27 日特力 A 下跌 5.13%，成交量是 1.47 亿元，收盘价格是 24.05。从成交量的条件看 1.47 亿元小于 2.02 亿元，也就是说主力并没有真正的出货，而是选择在高位震荡整理，盘整再创新高，而整个顶部阴 K 的成交量最大在 7 月 21 日放出 2.02 亿元的天量，虽然随后几天有小幅上涨但成交量都没有再创新高，而是选择了一个缩量的过程，在 7 月 28 日特力 A 成交量是 1.29 亿元，涨幅是 6.03%，收盘价格是 25.5 元，虽然和 1.47 亿元相比还差 1800 万元，但是从涨幅来看最为关键的阳 K 当天最低下跌达到 8%，尾盘表现出上涨。不过在 7 月 29 日，成交量放出 2.46 亿元，再创历史性的天量，当天大涨 5.88%，收盘 27 元，呈现出涨停前的最后冲刺阶段。果不其然在 8 月 13 日达到最高价 51.99 元，成交量再创新高，放出了 9.65 亿元的天量。从 7 月 21 日天量的大阴 K 开始，短短 17 天左右的时间就开始翻倍，可见成交量战法是王者涨停的核心武器。特力 A 在 9 月 24 日以后又再次依葫芦画瓢来了一波上涨，直接把价格做到 108 元，成为了当年股市的涨停神话。

第十一章　四周期战法

第一节　四周期战法的描述

　　四周期的概念在前面的假设 2 中我已经进行了非常细致的描述，在这里不再进行重复论述。

　　四周期战法的描述：股价以实体阳 K 线的方式首次突破 20 日均，然后股价开始脱离 20 日均线往上运动，具体表现为 K 线的最低价大于 20 日均线的价格，当这种 K 线的状态持续到第 4 天的时候股价仍然能够维持在 20 日均线以上，第五天股价开始高开打板，有些甚至直接一字板走势，这就是四周期战法。

　　我们现在将重点来打开四周期赚钱的秘密。四周期是整个理论体系最重要的一个分支，具有极其广泛的运用，小到分钟线，大到年线，可以说金融死叉就是以四周期为最小的运动单位的交易场所，我们现在主要运用四周期战法来判断或来辅助对称反弹战法中价格的极值现象，我们来看振华股份在 3 月 13 日的那一波慢涨的过程中，股价是如何用四周期上涨的方式来使 5 日均线和 10 日均线之间保持通畅，也就是说主力是如何建仓的。振华股份在 2 月 7 日开始触底反弹，2 月 23 日开始出现底部金叉，从 2 月 14 日到 3 月 1 日股价开始了一波连续 7 天上涨，极值不断突破。2 月 14 日极值是 10.34 元，2 月 22 日，极值为 10.49 元，2 月 23 日极值为 10.52 元，2 月 26 日极值为 10.88 元，2 月 27 日极值为 10.97 元，2 月 28 日极值为 10.99 元，3 月 1 日极值为 11.15 元，同时股价突破 20 日均线。3 月 2 日股价开始 4 天横盘，3 月 7 日又开始做极值突破运动，3 月 7 日极值为 11.18 元，3 月 8 日极值为 11.39 元，3 月 9 日极值为 11.58 元，3 月 12 日极值为 11.87 元，3 月 12 日极值为 11.94 元，又是极值连续拉升 7 天，把均线拉升到多头排列，同时将 5 日均线和 10 日均线之间保持足够的通畅时间，3 月 13 日时间和价格同时到达高位，在这个过程中达到了一个目标，把股价拉到 20 日均线和 60 日均线之内，同时 5 日均线和 10 日均线准备做出死叉前的动作，而在整个过程中到达极值的方式方法是四周期战法的关键，而时间或价格有一方能到达极限是一个必要条件，然后股价才开始快速回落，对称反弹战法开始起作用，中心位战法也开始起作用。

第二节　星星点灯——长亮科技

长亮科技的上涨特点：股价在突破 20 日均线以后，维持在 20 日均线以上 4 天时间，而且股价处于阶段的高位，受到利好的影响，股价出现大幅涨停的态势。

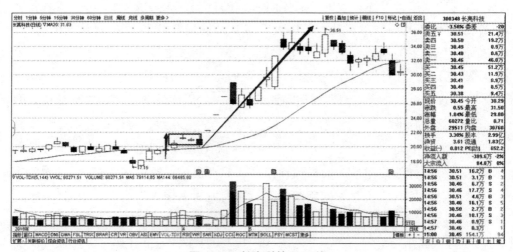

图 11-1　长亮科技日 K 线

我们以长亮科技为例，长亮科技从 2017 年 12 月 26 日最低到达 14.43 元以后就一路上涨，到 3 月 12 日已经涨到 20 元左右，3 月 13 日到 3 月 20 日走出了对称反弹战法，关于对称反弹战法的详细描述可以参考相关章节，其实它的价格并没有达到 20 日均线，3 月 23 日在大盘暴跌的情况下最低达到 17.15 元的价格，然后开始反弹。注意看 3 月 29 日的开盘与收盘，3 月 29 日开盘 19.50 元，收盘 19.61 元，当日的 20 日均线的价格为 19.50 元，股价的实体正好镶嵌在 20 日均线上方，而这在之前的 3 月 28 日是达不到的。3 月 28 日收盘 19.49 元，而 20 日均线的价格为 19.54 元，没有镶嵌成功，3 月 27 日收盘价为 19.40 元，20 日均线的价格为 19.52 元，也没有成功。所以 3 月 29 日就是有效地击穿时间，3 月 30 日开盘价为 19.84 元，20 日均线是 19.57 元，开盘价和 20 日均线之间并没有闭合，此为第一天。4 月 2 日开盘价为 21.13 元，20 日均线的价格是 19.65 元，此为跳空向上第二天。4 月 3 日开盘价为 20.82 元，20 日均线是 19.73 元，仍然没有和 20 日均线封闭，此为第三天。最后一天非常关键，4 月 4 日收盘价为 20.21 元，出现放量的阴 K 线，20 日均线的价格为 19.76 元，此为第四天在 20 日均线上方，四周期战法成立。4 月 23 日受到利好的刺激，长亮科技走出 3 个一字涨停板的走势，可见四周期线的四周期战法是一字板的发生战法。

第三节　神奇的四周期——金运激光

金运激光的上涨特点：股价处于横盘整理的阶段，股价以实体阳线的方式突破 20 日均线以后，维持在 20 日均线上方 4 天时间，然后股价开始出现回落，回

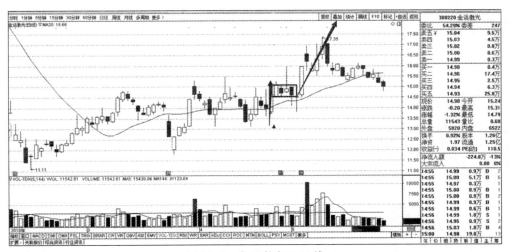

图 11-2　金运激光日 K 线

落到 20 日均线但是收盘仍然收于 20 日均线的上方，最后股价涨停。

我们来看一下金运激光这只股票，3 月 1 日收盘达到 13.52 元，成功站在了 20 日均线的上方，20 日均线的价格是 13.36 元。3 月 2 日收盘价格为 13.25 元，20 日均线为 13.14 元，第一次脱离 20 日均线。3 月 5 日开盘价格为 13.3 元，20 日均线为 12.97 元，此为第二次脱离 20 日均线。3 月 6 日开盘价格为 12.80 元，20 日均线的价格为 13.48 元，此为第三次脱离 20 日均线。3 月 7 日收盘价格为 13.39 元，20 日均线为 12.70 元，此为第四次脱离 20 日均线成功。四周期线的四周期战法成立。3 月 8 日到 3 月 12 日金运激光连续上涨 3 天，最高 14.85 元。随后开始回落，3 月 29 日金运激光再次达到 20 日均线以上，并且是以涨停板的形式达到，但是 4 天以后价格再次回落到 20 日均线以下，四周期线的四周期战法不成立，虽然 4 月 9~11 日上涨 3 天但是涨幅有限，4 月 19 日再次达到 20 日均线以上，但是 4 月 23 日就很快就闭合了，无奈 4 月 24 日再次把价格打到 20 日均线以上，这次显得很不容易，终于把价格稳定在 20 日均线上 4 天。在 5 月 2 日，过好"五一"节假日以后，股价随大盘下跌，但是最终还是维持在了 20 日均线以上，四周期线的四周期战法终于成立了。5 月 3 日股价继续维持在 20 日均线以上，5 月 4 日股价开始涨停，我们可以看到四周期线的四周期战法是一个过程法，维持价格在 20 日均线上 4 天是一个主要的指标，然后股价就可以以涨停板的形式开始，当然也可以是 5 天的时间，因为有时候出现了阴 K 以后，需要一个阳 K 线来进行缓冲。

第四节　四周期弓弯——宏达电子

宏达电子的上涨特点：股价处于横盘整理的阶段，一直处于 20 日均线的上方，股价以大阳 K 的形式突破 20 日均线，然后在 20 日均线上方维持 4 天时间，随后股价发动大涨行情。

宏达电子是 2017 年 11 月 21 日上市的新股，在 12 月 4 日达到最高价格 37.91 元以后，一路下跌，最低跌到 2018 年 2 月 7 日的最低价 19.62 元，随后便开始震荡整理，在 2018 年 3 月 5 日突破 20 日均线以后，股价就开始一直在 20

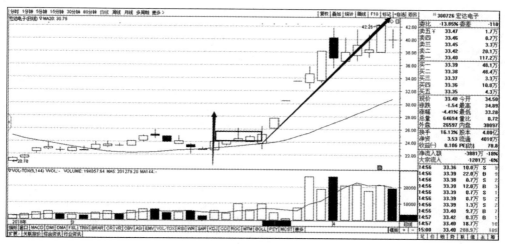

图 11-3 宏达电子日 K 线

日均线以上运动。在 2018 年 3 月 12 日达到最高价 25.88 元以后股价开始回落。2018 年 3 月 16 日收盘价低于 20 日均线为 22.77 元。在 3 月 19 日突然开始大涨 6.08%，收盘的价格是 24.08 元，股价又回到了 20 日均线之上。在 3 月 20 日、3 月 21 日、3 月 22 日这 3 天股价维持在 20 日均线以上，在这四周期的过程中在 3 月 21 日形成最高价 26.20 元。3 月 23 日当股价再次回到 20 日均线的时候主力突然在尾盘巨幅拉升，最高价达到了 26.48 元，成交量有效放大，从 3 月 26 日开始主力连续拉出涨板，最后在 4 月 10 日达到最高价 42.25 元，完成了这次四周期战法的拉升。从宏达电子的案例上可以看出四周期战法具有时间短、容易把握、涨幅可观的特点。

第五节　开闸放水——兆日科技

兆日科技的上涨特点：股价处于横盘整理的阶段，股价以实体阳线的方式突破 20 日均线以后，维持在 20 日均线上方 4 天时间，并且股价每天都有新高创出，然后股价开始出现回落，回落到 20 日均线，但是收盘仍然收于 20 日均线的上方，最后股价涨停。

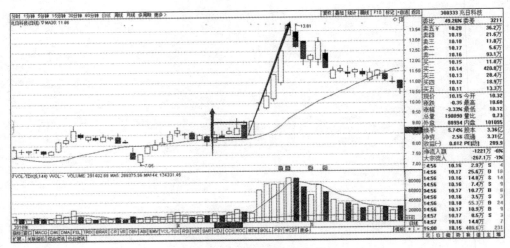

图 11-4 兆日科技日 K 线

兆日科技从最高价 181.72 元跌下来，一直跌到 2018 年 2 月 7 日阶段性的最低价 6.46 元，以后便开始横盘震荡整理。2018 年 3 月 1 日开始突破 20 日均线，收盘大涨 4.54%，收盘价格为 7.83 元。在 3 月 13 日达到 8.98 元阶段性的高点以后又开始回落到 20 日均线以下。3 月 29 日重新站在 20 日均线的上方，收盘价格为 8.13 元。4 月 10 日下跌 3.78%，第三次达到 20 日均线的下方，收盘的价格为 8.15 元。4 月 11 日再次上涨 4.29%收盘价格为 8.50 元，从此便开始了在 20 日均线上的四周期战法。4 月 12 日、4 月 13 日、4 月 16 日均脱离 20 日均线，而且还伴随着成交量的放大，在 4 月 16 日创出了 9.3 元的新高以后，4 月 17 日大幅下跌 5.57%，收盘收于最低价 8.30 元，而 20 日均线的价格是 8.27 元，虽然有 0.03 元的差距，还是收在了 20 日均线的上方。4 月 18 日直接高开打板，连续拉升了 5 个涨停板，最高价格拉到 13.81 元，最后主力全部出货，可见四周期战法是游资操盘的绝对核心法门。

参考文献

［1］卡尔波普尔：《猜想与反驳》，上海译文出版社 1986 年版。

［2］乔治·索罗斯：《金融炼金术》，海南出版社 1999 年版。

［3］罗伯特·雷亚：《道氏理论》，地震出版社 2008 年版。

［4］尹鸿钧：《量子力学》，中国科学技术大学出版社 1999 年版。

［5］拉尔夫·艾略特：《艾略特波浪理论》，湖南文艺出版社 2016 年版。

［6］史蒂夫·尼森：《日本蜡烛图技术》，丁圣元译，地震出版社 1998 年版。